慕容素衣 著

把自己活成一道光

李清照传

时代文艺出版社
SHIDAI WENYI CHUBANSHE

图书在版编目（CIP）数据

把自己活成一道光：李清照传 / 慕容素衣著.

长春：时代文艺出版社, 2025. 1. -- ISBN 978-7-5387-
7619-5

Ⅰ. K825.6

中国国家版本馆CIP数据核字第2024T3S154号

把自己活成一道光：李清照传

BA ZIJI HUOCHENG YI DAO GUANG : LI QINGZHAO ZHUAN

慕容素衣　著

出 品 人：吴　刚

责任编辑：卢宏博

装帧设计：张景春

排版制作：榕　晨

出版发行：时代文艺出版社

地　　址：长春市福祉大路5788号　龙腾国际大厦A座15层（130118）

电　　话：0431-81629751（总编办）　0431-81629758（发行部）

官方微博：weibo.com/tlapress

开　　本：880mm×1230mm　1/32

印　　张：8.75

字　　数：166千字

印　　刷：运河（唐山）印务有限公司

版　　次：2025年1月第1版

印　　次：2025年1月第1次印刷

书　　号：ISBN 978-7-5387-7619-5

定　　价：42.00元

图书如有印装错误　请与印厂联系调换　（电话：13701275261）

常记溪亭日暮，沉醉不知归路。兴尽晚回舟，误入藕花深处。

二年三度负东君，归来也，著意过今春。

晚来一阵风兼雨，洗尽炎光。理罢笙簧，却对菱花淡淡妆。

落日熔金，暮云合璧，人在何处？

天上星河转，人间帘幕垂。

生当作人杰，死亦为鬼雄。至今思项羽，不肯过江东。

　　"一个男人要走过多少路，才会成为真正的男子汉。"这是美国音乐家鲍勃·迪伦的名句。回首李清照的一生，涌上心头的也是这句："一个女孩要走过多少路，才会成为她自己。"

　　那个"误入藕花深处"的明朗少女，那个"人比黄花瘦"的文艺青年，最后是如何成长为词中女帝、千古第一女词人的？

　　萧红曾经说过，女性的天空是低的，羽翼是稀薄的。比萧红幸运的是，李清照生在一个开明的家庭，嫁给了一个开明的丈夫，她的天空，可能略微要高那么一点儿。但是在那个女子无才便是德的时代里，一个女子如果想飞，想和男人们一争高下，势必会受到重重阻力。

　　第一重阻力来自于命运的捉弄。命运给了李清照太过幸运的前半生，又给了她太过不幸的后半生。国破家亡，丈夫早逝，再嫁又遇人不淑，每一种苦痛都足以把人一口吞噬，可劫后余生的她却在心碎中重生，落入绝境也活出了绝处逢生的境界。

　　另一重阻力来自于世人的非议。当她坦率地书写闺房情调时，卫道士们一个个跳出来指责她无所顾忌、不知羞耻；当她作《词论》臧否诸家时，士大夫们一个个讥笑她蚍蜉撼树，不知天高地厚；尤其是当她闪婚闪离之后，那些早就看不惯她的男人们一个个对她嘲笑有加，笑她晚节不保。

那么李清照怕了吗？显然没有，她是一个情绪非常稳定、内心非常强大的人，什么世俗的偏见、世人的非议，她通通不在意，她做任何事情，都只有一个原则，那就是遵循自己内心的指引。

在恪守传统的古代女性中，李清照无疑是另类的，这种另类表现在她的大胆与叛逆上。她敢于自我标举，号称"自是花中第一流"；敢于写闺房间的隐事，"笑语檀郎，今夜纱厨枕簟凉"；敢于作《词论》尖锐地批评词坛前辈们；敢于说自己酷爱博弈，甚至到了废寝忘食的地步；敢于讽刺苟安的南宋君臣们，"南渡衣冠欠王导，北来消息少刘琨"；敢于在再婚不到一百天时就决然状告亲夫，对簿公堂……

她有着寻常女子难以理解的志趣，并乐于投入一生去追求。金石和诗酒，是她一辈子都没有放弃的东西。在婚姻中，她不是丈夫赵明诚的附属品，而是他的知音、良伴兼助手；在词坛上，她不是男性词人们的唱和者，而是以一己之力，发出了女性独有的声音。

在旁人看来，这些行为在当时无异于冒天下之大不韪，可在李清照眼里，她这样做只不过是率性而为。她自有一种坦率的情操，所作所为从不矫饰，而是听凭天性，这份坚持，让她在一众传统才女中脱颖而出，最终成为了独一无二的李清照。

很显然，婉约二字概括不了李清照的全部。她是丰富的，也是矛盾的，正是这些丰富和矛盾，成就了她独一无二的魅力。婉约和豪放、脆弱和坚强、名士风度和闺秀气质、男子豪气和女儿柔情，都神奇地在她身上得到了统一。

都说宋代是最适合穿越的时代，可实际上，那个时代的光，通常照不到女性身上。在光照不到的地方，李清照选择将自己活成了一束光，照亮的不仅是自己的生命，还有千千万万相同处境的女性们，她也因此活成了一个标杆、一种人生理想。古代的才女那么多，李清照却显然是其中最有现代意识的，正因如此，她的勇气和智慧，对千百年后的我们仍有启发。

我们或许没有她的才华，也没有她的际遇，但是至少，我们都可以努力活成自己想要的样子。

与所有打开这本书的读者们共勉。

慕容素衣

目 录

C O N T E N T S

第一章

关于成长：

宋朝第一名媛养成记

一个女孩最好的富养

　　1084年，一个女婴在济南章丘明水的李宅呱呱坠地，父亲为她取名清照。这个名字极美，让人联想起"一道清流照雪霜"（晁补之）的奇丽，又有着"明月松间照，清泉石上流"（王摩诘）的意境，如此别具一格的命名，可见父母对她的爱之深。

　　李清照的出生可算恰逢其时，那一年正是宋神宗元丰七年。宋朝是中国历史上军事最衰弱的朝代，但文化空前繁荣。都城东京（今河南开封）为当时世界上面积最大、人口最多、最繁华的都市，有喧闹的夜市，有花样众多的娱乐项目，有琳琅满目的美食，更有精巧绝伦的艺术。以欧阳修、苏轼为代表的士大夫们，喜欢游山玩水，喜欢举行通宵达旦的宴会，喜欢一切好玩有趣的事物，将生活的艺术化进行到了极致。

宋词，就是这种生活的艺术结晶。如果说唐朝是诗的朝代，那么宋朝就是词的朝代。没有什么比词与这个朝代更加相衬，它是如此绮靡，如此华丽，却又如此伤感，如此颓废，令人想起黄昏时的斜阳。

李清照出生的那年，北宋词坛可谓群星荟萃。那一年，王安石六十三岁，晏几道五十四岁，苏轼四十七岁，秦观三十五岁，晁补之三十一岁，周邦彦二十八岁。词多写闺情，这个时候的词坛，却完全是男性词人们的天下。

直到李清照出世，群芳竞秀的词坛才盛开了一枝女儿花，这枝女儿花，不仅仅只在闺中独秀，更欲开出墙头，艳压词坛。

李清照能成为词中"女帝"，得益于与生俱来的天赋，当然也离不开她得天独厚的家庭教育。李清照出生在一个学术氛围与文艺氛围都十分浓厚的家庭，父亲李格非，字文叔，本是一介寒士，凭才学考上了进士，以文章受知于苏轼，为"苏门后四学士"之一。

李格非的父亲于史无载，李清照后来说祖父曾受知于一代名臣韩琦，李家也因此在济南颇有声望。出身于这样的家庭，李清照是十分自豪的，她在晚年的一首诗里曾不无骄傲地写道："嫠家父祖生齐鲁，位下名高人比数。当时稷下纵谈时，犹记人挥汗成雨。""稷下"即齐都临淄城的稷门附近，齐国君主在此设立学宫，中国学术思想史上那场蔚为壮观的"百家争鸣"，就是以齐国稷下学宫为中心展开的。李清照诗中特意提到了稷下，大意是我的父祖生活在学风浓郁的齐鲁之地，他们虽然出身不高，但却享有盛名，这全因他们学识渊博，令众多门生为之折服。

宋时科举大盛，很多出身寒门的学子都是靠科举来改变命运，比如李格非的老师苏轼和苏轼的弟弟苏辙，本来只是四川眉山名不见经传的两个青年，却二十多岁就双双在制科考试中名列前茅，还令皇帝向皇后感叹："大宋何幸，得此奇才？吾为子孙得两宰相矣！"

李格非和老师一样，也是靠科举改变人生的"小镇青年"，从《宋史》中的记载来看，他自幼就聪颖异常，特立独行。当时科举考试盛行以诗赋取士，李格非却独辟蹊径，潜心经学，花了很大功夫著作数十万言的《礼记说》，凭借着深厚的经学功底，于宋神宗熙宁九年（1076年）进士及第，这一年，他已经三十一岁了。

李格非为人正直刚毅。和所有寒门学子一样，他虽然考中了进士，但还是从最底层做起，一开始担任冀州（今河北冀县）司户参军，后来又调任郓州教授，都是些芝麻绿豆大的微末小官。郓州郡守考虑到李格非家境困窘，打算让他兼任其他职务，好多领取一份俸禄，却被李格非婉言谢绝了，认为不能占朝廷的便宜，可见他的清高刚直。

李格非在被外放到广信郡任通判期间，当地有个道士妖言惑众、骗取钱财。有一天，他在路上正好遇到那道士的马车，就命人将道士从车上拖下来，痛打一顿驱逐出城。可见在清高之外，李格非也是个血性汉子。

因为家世寒微，李格非在官场上磨炼了近十年，才于元丰八年（1085年）调到汴京，入朝补太学录，不久转任太学正，迁为太学博士，以经书教授太学生，算是清要之职。后来则一路稳步上升，做过校书郎、著作佐郎、礼部员外郎、提点京东刑狱（也就是提刑官）。

所有从寒门奋斗上来的学子，都会明白李格非能够跻身这个位置实属不易，他可以说是大器晚成的代表。他不仅晚成，而且晚婚。唐宋士子流行晚婚，因为除了科举外，婚姻也能扭转阶层。尤其到了宋朝，更是盛行"榜下捉婿"，一到进士张榜的日子，无数达官贵宦争相挑选登第士子做女婿，希望籍此再度延续家族荣光。

李格非长得帅，人品好，更是"榜下捉婿"的热门人选，他吸引的可不是一般的贵人，而是当时顶尖的豪门，两任岳父都是官场上的红人。第一位是宰相王珪，王珪在官场上的名声不太好，被称为"三旨相公"，时人讽刺他只会取圣旨、领圣旨、得圣旨，在皇帝面前只知道唯命是从。在苏轼因乌台诗案下狱时，他也因附会舒亶被章惇痛斥，扮演了一个不大光彩的角色。但这不妨碍他在官场上屹立不倒，连任三朝宰相，去世时连皇帝都为之辍朝五日。这样一个人物，表面懦弱，实则精明，选婿的眼光确实也毒辣，这一选，就选中了泉城才子李格非（他的仕途表现没有辜负岳父的厚爱），相当于间接促成了"词中女帝"的诞生。

王珪的女儿在生下李清照后不久就去世了，史书上没有留下关于她的记载。大约在李清照七八岁时，父亲李格非娶了继室，继母同样姓王，是宋仁宗时状元王拱辰的孙女。

王拱辰在北宋时的名声可比王珪好太多了，他原名王拱寿，在当时是有名的"诚信状元"。据说他十九岁到京城参加皇帝亲自主持的殿试，因为文章写得好脱颖而出。皇帝很高兴，立刻将他定为第一名，并把考生召集到大殿，当场宣布了前三名。其他两个书生都赶紧磕头谢恩，王拱辰却站出来说，这次考试的题目不久前他刚好做过，所以算是侥幸。皇帝听了十分感动，更加执意钦点他为状元，并为其更名拱辰。王拱辰为官后，也刚直不阿，任御史中丞时常秉直进言。

有这么两位岳父护航，老师又是文坛"盟主"苏轼，再加上本身能力突出，李格非的仕途想不顺遂都不行，他凭借这些条件，建立了深厚的人脉关系网。举个例子，李清照的母亲是王珪的大女儿，著名的奸相秦桧则是王珪的孙女婿，这样论秦桧见了李清照还得规规矩矩叫她一声表姐。不过可能因为生母去世得早，李清照和外祖父家及其亲戚的关系较为疏远，现存史料中没有见到她和秦桧夫妇来往的证据，但这至少可以证明李家的关系网是何等强大。

状元家的女儿，肯定也是腹有诗书的。《宋史·李格非传》中特意提到了这位继室王氏，说她"善属文"，知书达理，饱读诗文，对李清照视若己出，尽心教育。

生母的早逝似乎没有在李清照身上留下阴影，祖父和伯父伯母都很疼她，继母也很慈爱。李格非三十九岁才得女，自然将她视为掌上明珠。

在奉行"女子无才便是德"的年代，不是每个女孩子都有读书的机会，即使读书，也不过是读读《列女传》《女诫》《女训》之类的书。李清照在南渡后，曾经想将毕生所学传授给一个姓孙的小女孩，结果那个小女孩却果断拒绝说："才藻非女子事也！"意思是舞文弄墨就不是女儿家的本分！时代风气可见一斑，名门闺秀们偶尔读几本书，也只不过是装点门面，当作"最好的嫁妆"。可李格非对这个女儿显然是冲着诗人或者学者的目标来培养的，从李清照过人的学识来看，她从小就博览群书，经史子集、诗词歌赋无不涉猎。

父母不同的期待会塑造出不同的女儿，古往今来，多少有天赋的女子，才华被扼杀在家庭之内。而李清照充分发挥了自己的才华，这是一个奇迹，而塑造这个奇迹的，正是她的父亲李格非。

中国古代的才女大多有一个才华更出众的兄弟，比如汉代的才女班昭有个史学家哥哥班固，西晋的才女左棻有个诗人哥哥左思，她们的光彩往往被哥哥掩盖了。李清照却不一样，她同父异母的弟弟李远的存在感要比她这个姐姐低多了。这至少也证明了，李格非夫妇都没有重男轻女的陈腐观念，相反，他们在女儿身上似乎寄予了更大的期望。

这种不以性别区别对待，而将才华作为评判标准的教育模式在历史上不可多得，唯一能与之相比的是东晋时的谢安家族，也就是"旧时王谢堂前燕"中的谢家。谢安在一个下雪天和子侄辈赏雪赋诗，出了道题考大家："白雪纷纷何所似？"侄子谢朗立即答道："撒盐空中差可拟。"侄女谢道韫却说："未若柳絮因风起。"谢安大笑，对这位侄女从此青眼有加。谢家能够人才辈出，芝兰玉树列于庭阶，离不开这种开明的教育风气和浓厚的文艺氛围。

巧的是，李清照也常常被称为"咏絮之才"，不少人将她和谢道韫类比。这不仅是因为两人都有林下风度，也是因为她们都生长在一个开明、宽容、鼓励女子施展才华的家庭里。这在古时实属罕见。宋时理学兴起，保守派们恨不得将女孩子都束缚在高墙之内、庭院之中。苏轼家的教育风气却完全不一样，苏轼有个姐姐叫苏八娘，幼而好学，慷慨有过人之节，为文也往往有可喜之处，后世以她为原型杜撰出一个苏小妹来，诗才足以和秦观秦少游争锋。苏轼本人不管对妻子，还是对侍妾朝云，都是充分尊重的。

物以类聚，人以群分，身为"苏门后四学士"之一，李格非显然和老师苏轼同属自由派，他才不理"存天理、灭人欲"那一套，而是充分尊重人的天性，正因如此，他才给女儿提供了开明的教育、宽松的环境。李格非不仅鼓励女儿读书，还亲自将她带到汴京教养，为她寻觅良师，带她参加文人雅士们的聚会，甚至揄扬她的才华。何其有幸，李清照是生长在李格非家，这样她可以自由自在地外出郊游、踏青，毫无顾忌地饮酒、作乐，活泼率真的天性没有受到戕害。宋时已有女子裹小脚，但李格非大概不会给女儿缠足，从李清照常常出游的习性来看，她应该拥有一双天足。

能受苏轼赏识的人，身上肯定有放荡不羁的一面。李格非就是如此，他为人作文，最重一个"真"字，曾经提出"文不可以苟作，诚不著焉，则不能工"，将修辞以立诚作为写文章的首要标准，更说过写文章要"字字如肺肝出"。古人的作品中，他最欣赏刘伶的《酒德颂》和陶渊明的《归去来兮辞》，刘伶和陶渊明这两位堪称魏晋风度的代表人物，一个狂放不羁，一个恬淡平和，共同的特点是都活得真实坦荡。对他们如此推崇，可以想见李格非的人生态度。

父亲对李清照的影响是巨大的，从她成年后的为人处世上，处处可以看到李格非的影子。这父女俩，都是一样的爱憎分明，一样的安贫乐道，一样的名士做派，甚至做女儿的填起词来，也是像父亲一样"字字如肺肝出"。清人陈景云在评价《金石录后序》时说："其文淋漓曲折，笔墨不减乃翁。'中郎有女堪传业'，文叔之谓耶。"中郎指东汉时的名士蔡邕，这里是将他们父女俩比作蔡邕和蔡文姬，而李清照更是做到了青出于蓝而更胜于蓝。

现在都说女儿要富养，李清照的早期教育，会令人联想到民国时期的才女林徽因，她们都是父亲的掌上明珠。林徽因的父亲林长民最看重这位长女，去欧洲时特意携女出游，目的是

"第一要汝多观察诸国事物增长见识，第二要汝近我身边方能领悟我的胸次怀抱，第三要汝暂时离去家庭烦琐生活，俾得扩大眼光，养成将来改良社会的见解与能力"。年方十六七的林徽因走出了北京的深深胡同，转身成了英伦沙龙上的小小女主人，得以与徐志摩、张奚若等人结识。

虽然时代不一样，但李清照和林徽因都同样幸运，因为她们都是被富养长大的女儿。这种富养，不仅是指物质上的供养，更是指精神上的滋养。林长民曾对徐志摩感叹说："做一个天才女儿的父亲，不是容易享的福，你得放低你天伦的辈分，先求做到友谊的了解。"

早在数百年以前，李格非也有一个天才的女儿，他和林长民一样，也是甘于降低父亲的权威，去和天才女儿做朋友。考虑到这是在遥远的宋朝，那时候李格非就试图和女儿建立一种新型的相对平等的父女关系，不得不让我们感叹，这太难能可贵了。

李格非为我们示范了什么叫做真正的富养——不是一味地宠溺和保护，把女儿培养成娇滴滴的"小公主"，而是给予女儿充分的尊重，培养她的独立精神，开阔她的胸襟，带她进入一个更广阔的世界。前者其实是无意中折断了女儿的翅膀，后者却是送给女儿一对翅膀，让她飞得更高更远。

水光山色与人亲

都说女子是水做的，水的氤氲能够滋养出女子的水嫩肌肤和精致容颜，所以多水的地方总是盛产美女。浣纱溪边有西施，秦淮河畔有八艳，泉城济南则走出了一个惊才绝艳的李清照。

李清照是山东章丘县明水镇人，章丘今属济南，济南山水明瑟，大明湖风光绮丽，"四面荷花三面柳，一城山色半城湖"。济南的泉水更是举世闻名，有大小七十二名泉，因此有"泉城"的美誉。

明水镇，正是因此处泉水清澈明净而得名，这里家家泉水，户户垂杨，因泉水众多而有"小泉城"之称。城外，绣江河绕城而过，汇成水光潋滟的明水湖，少女李清照曾和女伴们一次次泛舟湖上，流连忘返。

城内，百脉泉喷涌而出，泉中水泡缓缓涌出，如珍珠滚动。后世兴建的清照园就坐落在百脉泉内。园内泉水淙淙，曲径游廊，设有易安楼、海棠轩、黄花馆、金石苑等，更有一处泉水清澈见底，从池底冒出后喷石过隙，水落池中洁白无瑕，声音清脆有如玉石撞击，因此得名漱玉泉（济南趵突泉公园内也有一处漱玉泉）。相传李清照曾在此掬水梳妆，填词吟诗，她的《漱玉词》就是以此命名的。漱玉一名由《世说新语》中的"枕流漱石"演化而来，更显精致，也更符合她闺秀的身份。

李清照对泉梳妆的传说之真假无从考证，但千百年来，爱慕她的人们愿意相信，那明澈如镜的泉水中，确实曾留下过一个少女清丽的倩影。

当我们说起李清照的出生地，总是会感叹，齐鲁山川的钟灵毓秀之气，竟然神奇地集中在这个女子身上。正如郭沫若在为李清照纪念堂（位于济南趵突泉旁）撰写的对联中所说："大明湖畔，趵突泉边，故居在垂杨深处；漱玉集中，金石录里，文采有后主遗风。"泉城的湖光山色孕育出她如诗的情怀，如果把济南比作一幅清新淡雅的水墨画，从画中走出的李清照，就如同那空灵一笔，身上犹带着水雾濛濛，让整幅画顿时生动起来。

水的灵动和少女的灵性是如此相得益彰，生于泉城，长于泉城，从小就傍水而居，百脉泉、绣江河清亮透明的水似乎也流到了李清照的词中，读《漱玉词》，总觉得她的笔端似有水气漫出，从天上降落的雨水每每让她惆怅，烟波浩渺的江河湖泊则往往给她欣喜，她对与水有关的一切都如此敏感，以至于她的词中总是弥漫着一种湿漉漉的女性情调。

水做的女儿李清照，天生与水亲近。如果以李清照的一生为线索拍一部电影，那么她的出场应该是这样的：碧波绿水间，一群少女持桨荡舟，划入了田田莲叶之间，她们的欢声笑语惊破了水鸟的好梦。镜头拉近，那小舟慢慢近了，只见领头的少女脸带红晕，一副醺醺然的样子，一双眸子却亮若星辰。荷花在她头顶绽放，她的笑容，比荷花还要娇美几分……

这是少女李清照在人生舞台上的第一次亮相，就好比京剧名旦登场，一揭帘，一抬眼，已然赢得了满堂彩。

李家有女初长成，这一年她不过十几岁，已经出落成一名亭亭玉立的大家闺秀。开明包容的家庭从未压抑过她的天性，她无拘无束地长大了，长成为一个身心舒展的少女，可以想象，她的父母一定非常宠爱她，因为只有在充满爱的环境中成长的女孩子，才会这么飞扬洒脱，这么活泼开朗。

很多人爱把她想象成林黛玉那样的泪美人，多愁善感，整日以泪洗面，实质上，少女李清照固然有林黛玉敏感多思的一面，却更像史湘云。她们身世类似，史湘云是"襁褓之中父母违"，李清照也尚在孩提时就失去了生母。不过，这并没有剥夺她们感受快乐的能力，李清照就像史湘云一样，"幸生来，英豪阔大宽宏量"，"好一似，霁月光风耀玉堂"。

大观园众姐妹中，林黛玉太娇弱，薛宝钗太保守，贾妙玉又太矫情，像李清照这样的女孩，才是史湘云的隔世知己。这两个女孩，都是闺中英豪，倘若能够生于同一时代，她们一定能够成为闺中密友吧。

若李清照生在大观园中，她一定会兴致勃勃地和史湘云一起结社、联诗、行酒令、去雪地里烤鹿肉吃、醉卧在青石板上任海棠花落了一身。而史湘云若生在宋朝，一定会随李清照去踏青、赏花、弈棋、打马、乘着舴艋舟荡舟湖上。

我们可以想象，也许和李清照一起泛舟溪亭的女伴中，就有一位史湘云这样的明朗少女。在一个初夏荷花盛开的傍晚，她们结伴来到溪亭游玩，迎着湖面吹来的清风，喝着从家里带来的佳酿，不知不觉间，已经喝醉了，转头一看，天色已黄昏。于是就急急忙忙地划着小船往岸边去，谁知一不小心迷了路，误打误撞地闯入了藕花深处。她们手忙脚乱地将船儿划出花丛，却惊起了水面上的一群水鸟。

尽兴而归的李清照对此次游玩念念不忘，于是提起笔来，写下了这样一首小令：

> 常记溪亭日暮，沉醉不知归路。兴尽晚回舟，误入藕花深处。争渡，争渡，惊起一滩鸥鹭。
>
> ——《如梦令》

词里的溪亭在何处历来众说纷纭，一说溪亭是济南七十二明泉之一，在大明湖畔；一说泛指溪边亭阁；一说是在章丘明水一带；还有一说是一处地名。之所以有这么多争论，是因为这首词在当时就很有名气。

都说王维是"诗中有画"，其实李清照也是"词中有画"，如果把王维的诗比作一幅静态的画，那么李清照的小令就是一幅流动的画，不过短短几句词，却跌宕起伏，犹如一出精彩的独幕剧，有前奏，有高潮，也有余味，"短幅中有千里之势"。

李清照的词中不仅有画意，而且有音乐。以这首《如梦令》为例，细味全词，只觉得眼前浮现出一幅鲜明的画面，耳畔则响起少女们欢快的笑声，犹如一串串银铃洒落在水面，时光竟然快乐得发出了声响。

藕花深处，鸥鹭惊起，多么美丽的一幅荡舟晚游图！而这样动人的画面，其实是来自一次迷路，这简直是有史以来最美的一次迷路了。

我们仿佛看见，一位笑语盈盈、潇洒俊迈的少女正从藕花深处飘然而来。这个少女和以前诗词中出现的采莲女形象是如此不同，她是如此豪迈，不仅要喝酒，还要喝得沉醉。读此词，可以想见少女李清照的风采，近代词学名家龙榆生不禁赞叹说："矫拔空灵，极见襟度之开拓。"他是说词，也是说人。

一次晚游，一首小令，让李清照被济南人尊为"藕花神"，并在大明湖畔为她修建了藕神祠，从清代起，济南人就将她封为藕神以祭祀，祠联书曰："是耶非耶，水中仙子荷花影；归去来兮，宋代词宗才女魂。"李清照本人，着实深具荷花"清水出芙蓉，天然去雕饰"的神韵，她把那最明朗欢脱的青春时光，写成了一首笑语如珠的《如梦令》，除了她，再也没有别的女子更适合担任藕花神了。

词为心声。这首小令只有寥寥三十三个字，我们从中却至少可以了解到少女李清照的生活状态。人们总是认为古时大家闺秀一般是待在家中的阁楼上，事实上明清或许如此，唐宋风气却相对开明。尤其像李清照这样天性活泼的少女，生活是十分丰富多彩的，读她的词就会发现，她热爱每一个春秋佳日，元宵时要观灯，春来踏青芳郊，夏日荡舟湖上，重阳吃蟹赏菊，大雪纷飞的冬天也要戴着斗笠去雪中觅诗，她总是那样兴致勃勃，趣味盎然，不放过每一次出游的机会。

她最爱的，就是泛舟湖上，徜徉在湖光山色里，与山水鱼鸟相亲相近。下面这首词，和前面的《如梦令》一样，同样是描写她年少时外出游湖的场景：

湖上风来波浩渺，秋已暮、红稀香少。水光山色与人亲，说不尽、无穷好。

莲子已成荷叶老，清露洗、苹花汀草。眠沙鸥鹭不回头，似也恨、人归早。

——《双调忆王孙》

这次描绘的仍然是湖上风光，只是季节已从初夏荷花开时流转至暮秋莲子老去。

"自古逢秋悲寂寥"，秋天在众多文人墨客笔下都是一个感伤的季节，同样的秋天，在柳永笔下是"更哪堪，冷落清秋节"，到了少女李清照的笔端，这满湖秋色却"说不尽、无穷好"。

从古至今，为秋日唱赞歌的诗人并不多，刘禹锡是一个，他高歌过"我言秋日胜春朝"；李白也是一个，他曾放言"我觉秋兴逸，谁云秋兴悲"。如今又出了个李清照，在这首写于秋日的词里，我们看不到一丝一毫的颓废与伤感，有的只是逸兴遄飞，壮采凌云。

尽管已经是"秋已暮""荷叶老""红稀香少"，可在游兴未已的李清照眼中，这秋色竟无一处不好。一切景语皆情语，在眷恋湖光秋景的她看来，这水光山色、眠沙鸥鹭都像是有情有义，舍不得她归去。

词人都爱把自己的主观感情投射在山水万物上，辛弃疾说"我看青山多妩媚，料青山看我应如是"，在李清照看来也是如此，眼前的一切都是这样温柔美好，山也含情，水也含笑，苹花汀草被清露洗得如此明净，令人平生出难以言说的欢喜。

李清照的少女时代，真是有着无穷无尽的欢喜啊，一场宴饮、一次郊游甚至一只惊起的水鸟都能让她快乐不已。随着她年岁的增长，这样的欢乐时光越来越少，忧虑日多，而喜悦日少。

但我们仍然要感谢这些欢乐时光，是它们筑成了李清照生命的底色，在大自然怀抱中自由自在成长的女孩子，生命的底色始终是明亮的，让她日后即使遇到风刀霜剑，也可以保持坚韧与乐观。

　　这个秋日是如此明媚，她把它珍藏了起来，珍藏在她的心上和她的词里，当我们读这首词时，就像揭开了她心之一角，仍然可以触摸到千年前那个秋日阳光的温度。

出名要趁早

"出名要趁早呀，来得太晚，快乐也不那么痛快。"

李清照如果听见张爱玲这句名言，想必也会心有戚戚，恨不能隔着遥远的时空和她握个手，因为她正是"出名要趁早"的践行者。

相信"出名要趁早"的张爱玲以成名作《第一炉香》扬名上海滩时，只有二十三岁，可还有比她出名更早的，李清照名动东京时，只有十六岁，刚刚及笄不久。

出名这种事，一定要在大都市才有轰动效应。李清照虽生于明水湖畔，长于百脉泉侧，但她这颗明珠大放光彩，还是在移居东京之后。

东京是当时的北宋都城——古称汴京或汴梁，今称开封。北宋先后设东、南、西、北四京，以东京为首都，可见此地的繁华昌盛。

父亲李格非官至太学正后，在东京经衢之西，租赁了一处住房。李格非是个风雅之士，特意在住所处种植了许多竹子，老友晁补之对此称羡不已，特地写了篇《有竹堂记》来记载此事。可以想见，此处遍种篁竹，青翠可人，有如黛玉所住的潇湘馆，终日龙吟细细、凤尾森森，环境清幽绝俗。

有竹堂落成后，李格非将钟爱的女儿接到了身边，自那以后，李清照便长居东京，偶尔也返乡探亲。这一举措对她的影响是巨大的，如果一直生活在家乡，她和那些养在深闺的小家碧玉就没什么区别了，一定要走出明水镇，才能知天地之大，品名物之盛，眼界始大，胸襟也随之超迈。

作为北宋的都城，东京当时人口过百万，富甲天下。从传世名画《清明上河图》中，我们就可以想见当年东京的物华天宝。南渡后的文人孟元老恋恋于昔日繁华，撰成了名著《东京梦华录》，在他的笔下，这座都城极盛时"举目则青楼画阁，绣户珠帘。雕车竞驻于天街，宝马争驰于御路，金翠耀目，罗绮飘香。新声巧笑于柳陌花衢，按管调弦于茶坊酒肆。八荒争凑，万国咸通"。

东京人才济济，来自明水镇的小镇姑娘李清照要想力压群芳并不是件容易的事。成名是需要推手的，经过名人认可，就会身价百倍。当年苏轼到了汴京，也是靠欧阳修的助推，若不是欧阳修宣称"读轼书，不禁汗出，快哉快哉！老夫当避路，放他出一头地也"，苏轼怕是也不会二十几岁就名扬天下。李清照的突围之路，背后也离不开文艺圈中大佬们的支持。

第一位推手就是父亲李格非，是他一手将女儿带入了自己的交际圈。

李格非是苏轼的门生，而苏轼正是那个时代的"文坛盟主"，有一次他和门生故旧们一起在驸马王诜家的西园举行雅集，共有十六人参加，分别是苏轼、王诜、蔡肇、李之仪、苏辙、黄庭坚、李公麟、晁补之、张耒、郑靖老、秦观、陈景元、米芾、王仲至、圆通大师、刘巨济，"一时巨公伟人悉在焉"。与会者之一李公麟是北宋大画家，曾屡次为东坡写真，托赖他的妙笔，将西园雅集在纸上定格了下来，他的画中所定格下来的，正是北宋群星闪耀的文坛盛景。如果那时有朋友圈，那么当天西园中汇聚的，肯定是北宋最耀眼的朋友圈，上至皇帝，下至百姓，谁见了都要点赞的。

据复旦大学文学院王水照教授分析，宋代文人有强烈的结盟思想，形成了三大文人集团，分别是以钱惟演为首的幕僚集团、以欧阳修为首的进士集团以及以苏轼为首的学士集团。和其他两大集团不一样的是，能打入苏轼核心朋友圈的，都是一等一的文学家、艺术家，如参加西园聚会的众人，地位有高有低，身份有僧有俗，唯一的共同点就是都醉心艺术且才华横溢。

和老师一样，李格非也交游广阔，有竹堂终日"谈笑有鸿儒，往来无白丁"。在父亲的默许甚至鼓励下，李清照小小年纪就参加了这样的雅集。一开始，她也许只是个聆听者，听着长辈们高谈阔论，渐渐地，她参与了进来，在聚会上崭露头角，不费吹灰之力就打入了北宋最耀眼的文艺圈。

身为推手，光带入圈子肯定不够，还得处处为女儿吆喝。都说苏轼有"誉子癖"，作为他的学生，李格非则有严重的"誉女癖"，可惜那时还没有朋友圈，不然估计他会隔三差五在朋友圈里狂晒女儿的诗词新作。

但是没关系，从寒门杀出一条生路的李格非是懂得营销的。相传李清照最初广为人知的那些词，正是父亲李格非传播出去的。可能是为了不让女儿的名字为人所知，李格非一开始特意掩了填词人的名字，只将词作给人传看。没想到这几首小词居然赢得了城内名家们的一致叫好，有人根据词中倜傥不凡的气度，猜测出自东坡先生苏轼之手，有人根据词中飘逸清新的风格，惊呼莫非是道教仙人吕洞宾的手笔。

如果这些词作真是李格非传出去的，这个时候的他，听了人们的赞美之后，一定会忍俊不禁，偶尔也会装作不经意地揭露谜底——原来这些令大家惊为天人的词作，是出自于一位芊芊少女的笔下。

第二位推手则是晁补之，他在当时也是个响当当的大人物，他的爷爷曾经当过太子的老师，论出身比李格非要显赫得多。他也善于自荐，苏轼在杭州为官时，他听说了立刻登门拜访，并奉上自己的得意文章，顺利被苏轼纳入门下，自此与秦观、黄庭坚、张耒并称为"苏门四学士"。

同为苏门弟子，又都是山东老乡，加上曾和李格非一起在太学里面共事，两人素来交好，李格非能结识苏轼，应该也是晁补之从中牵线。

晁补之和李清照，虽无师生之名，却有师生之谊。在李清照很小的时候，他应该就指点过她作诗，并对其大加赞扬。晁补之鉴赏眼光非常独到，曾纵论当朝词人，作为一个鉴赏家，他对李清照的揄扬，达到了逢人就夸奖的地步，史称他"多对士大夫称之"，这不仅仅因为她是故人之女，也是惊叹于她与生俱来的才华。

李清照对前辈的认可也颇为得意，曾在诗中说："学诗三十年，缄口不求知。谁遣好奇士，相逢说项斯。"项斯是晚唐诗人，原本寂寂无名，直到国子祭酒杨敬之"到处逢人说项斯"，方名声大振。李清照以项斯自比，是说自己本无心闻达于世，只因文人墨客们广加宣扬才为人所知。

对晁补之的知遇之恩，她一直心怀感激，退隐青州时，曾作《新荷叶》一词，据说就是为晁补之贺寿所作，词中称赞其"鹤瘦松青，精神与、秋月争明。德行文章，素驰日下声名"，又说"东山高蹈，虽卿相、不足为荣。安石须起，要苏天下苍生"，这是将隐居金乡的晁补之与谢安相比，希望他能够像谢安那样东山再起，大济苍生。这算是对当年晁补之逢人就夸李清照的一种投桃报李吧。

值得一提的是，晁补之曾撰有一篇《评本朝乐章》，对当朝的七位知名词人柳永、苏轼、秦观、欧阳修、张先、晏几道、黄庭坚做出了评论。晁补之论词较为公允，人人都说柳永俗，他却说，柳永词如《八声甘州》"渐霜风凄紧，关河冷落，残照当楼"确实称得上不减唐人高处。东坡词多不协律，他说是因为东坡"横放杰出，自是曲子中缚不住者"。此外如张先词之韵高、晏几道词之风调闲雅、欧阳修词之炼字绝妙，都有所论及。

晁补之最为推崇的还是秦观，称"近世以来，作者皆不及秦少游"，又单拈出秦少游名句"斜阳外，寒鸦万点，流水绕孤村"为例，赞许说即使是不识字的人，也能知道这是天生好言语。他对作为词人的黄庭坚则持批判态度，说黄所作词不是当行家语，而是"著腔子唱好诗"。

李清照后来撰写的《词论》，正是在此基础上有所发展，不过她年少成名，心高气傲，写起评论文章来奇巧尖新，不同于老师晁补之的老成持重。

"缄口不求知"当然是自谦的说法，实际上，第三位推手也是最重要的推手正是她自己。李清照并不是那种孤芳自赏的闺阁文人，脂粉群中从来不乏才女，可大多数女子写作诗文都只是为了自娱自乐，顶多拿给家人看看，不愿意让作品流传出去。李清照不一样，她与以男性为主导的文人圈子一直保持着密切的互动，并试图争取世人的认可。不然她也不会在十七岁时，主动写出两首唱和张耒的咏史诗来。

张耒字文潜，也是苏门四学士之一。他写的《读中兴颂碑》在当时是广为流颂的名作，全诗如下：

> 玉环妖血无人扫，渔阳马厌长安草。
>
> 潼关战骨高于山，万里君王蜀中老。
>
> 金戈铁马从西来，郭公凛凛英雄才。
>
> 举旗为风偃为雨，洒扫九庙无尘埃。

元功高名谁与纪，风雅不继骚人死。

水部胸中星斗文，太师笔下龙蛇字。

天遣二子传将来，高山十丈磨苍崖。

谁持此碑入我室？使我一见昏眸开。

百年废兴增感慨，当时数子今安在？

君不见，荒凉浯水弃不收，时有游人打碑卖。

张耒的这首诗，是读了《浯溪中兴颂碑》后所作的，这段碑文是中唐时元结在唐肃宗平了叛乱后所作，又由书法家颜真卿亲笔将颂文写在浯溪碑石上。全诗对唐明皇宠爱杨贵妃导致"安史之乱"进行了谴责，同时歌颂了郭子仪等人中兴唐室的赫赫战功。写这首诗时，宋徽宗刚刚即位，当即召还了苏轼等旧党，也许新君上位给人们带来了"中兴"的希望，所以张耒写的这首诗才一时风行，连黄庭坚等人都广为唱和。

唱和的人群中，便有李清照。她当时仅仅是个十七岁的少女，读了张耒的原诗后却不禁热血沸腾，当即和诗两首，这里仅录其一：

五十年功如电扫，华清花柳咸阳草。

五坊供奉斗鸡儿，酒肉堆中不知老。

胡兵忽自天上来，逆胡亦是奸雄才。

勤政楼前走胡马，珠翠踏尽香尘埃。

何为出战辄披靡，传置荔枝多马死。

尧功舜德本如天，安用区区纪文字。

著碑铭德真陋哉，乃令神鬼磨山崖。

子仪光弼不自猜，天心悔祸人心开。

夏商有鉴当深戒，简策汗青今具在。

君不见，当时张说最多机，虽生已被姚崇卖。

咏史诗贵在求异翻新，借古讽今。两相对比，我们不难发现，少女李清照的和诗，居然在深刻和新奇的程度上超过了张耒的原作。两诗在构句遣词方面势均力敌，可李清照的史识明显要高出张耒一筹。张耒此作，中规中矩，所发议论不过是红颜亡国之类的老生常谈，李清照之作，却敢于自出机杼，翻出新篇。

诗中，她并没有停留在歌功颂德的层面，而是剑指叛乱之源，对所谓的"中兴"进行了冷静的反思。至少有两点表明了她的见识非凡：其一，她认为张耒津津乐道的刻碑之举完全是画蛇添足，郭子仪和李光弼的功德自会名留青史，何须磨崖记载；其二，她指出郭李二公之所以能平复战乱，是因为二者同心，其利断金。

联想起北宋末年新旧党争的局面，不得不让人佩服李清照的卓越见解，若臣子们同声同气，而不是彼此之间视对方为仇寇，也许北宋尚不至覆灭得如此之快。

真难想象，如此大气磅礴的诗句，居然出自于一位年仅十七岁的女子之手！宋代不乏才女，如嫁给了曾布的魏玩魏夫人，还有写出了《断肠词》的朱淑真，但她们的写作，大多局限于闺情闺思，脂粉气十足。李清照却不一样，她的作品尤其是诗作中不仅有脂粉气，还有阳刚气、山林气、金戈铁马之气。

少女李清照，凭借这两首诗让父辈文人们为之刮目相看，也初次显露了她在创作上的野心——她并不满足于闺阁，而是要走出去，和男儿比肩。

正是这份野心成就了她。自古至今，那么多有才华的女子都淹没不闻了，李清照这个名字却历久弥新，很大一部分原因是她看重自己的才华，珍视自己的才华。

雏凤清于老凤声。李清照这只雏凤，已经在京城一鸣惊人，"文章落纸，人争传之"，王灼在《碧鸡漫志》评价道："自少年即有诗名，才力华赡，逼近前辈。"这时候，她还只有十六七，却开创了"出名要趁早"的先河，尽情地体验了年少成名的痛快与光荣。

哪个少女不怀春

　　真正成就李清照才女之名的，还是她的两首作于少时的《如梦令》，毕竟，她更为人们认可的身份是词人，而不是诗人，一首是前面所说的"常记溪亭日暮"，另一首则是同样广为传颂的"咏海棠"。

　　那是一个暮春的早晨，她酒后醒来，顾不上自己还昏昏沉沉，就关心起园中的海棠花来，侍女却告诉她一切照旧。她对侍女的回答不以为然，于是挥笔写下了这首小令：

　　　　昨夜雨疏风骤，浓睡不消残酒。试问卷帘人，却
　　道海棠依旧。知否？知否？应是绿肥红瘦。

这首小令写得明白如话，浑如天籁，就像她的老师晁补之评价秦观词所说的那样，哪怕是不识字的人，也能明白这是天生的好言语。

此词妙在何处？

妙处之一自然是用语尖新，"绿肥红瘦"四字造语新奇，可见她年纪虽小，已深具炼字之功。每个文人都有自己偏爱的字眼，李清照特别喜欢在词中用"瘦"字，而且每每用得十分传神，为她赢得了"李三瘦"的美名。

"三瘦"分别指的是"帘卷西风，人比黄花瘦"，"新来瘦，非干病酒，不是悲秋"，以及"绿肥红瘦"。

这"三瘦"中最为人称道的还是"绿肥红瘦"，若说人比黄花瘦，只不过是以人来比花，还算寻常，绿肥红瘦，却是以花来比人，一个瘦字，道尽了海棠经雨之后的支离零落。一绿一红，一肥一瘦，对比之下，更见海棠的楚楚可怜。

此语一出，就如倚天出鞘，普天之下，谁与争锋！那些见惯了陈词滥调的评论家们自然为"绿肥红瘦"四个字惊艳不已，据记载，当时文士莫不击节称赏，对李清照的用语之新，炼字之奇大为称赞。

妙处之二也就是诸多文人难以比拟的词的结构。这首小令不过三十三个字，词的主体是以对话构成的，有问答，有转折，还有联想，可以说是短篇中藏无数曲折了。

如果说用语和结构还是可以借鉴的，那么那种女儿家的口吻却是诸位文豪们绝对模仿不了的。此词最妙的地方，在于塑造了一个敏感多情的少女形象，和她相对照的，则是那粗心的侍女。因为多情，她才会问屋外海棠的状况，因为敏感，她才会察觉到海棠已是红消香减，一问一答之间尽显二人不同的性格，问者情多，答者意淡。"知否，知否"二句，纯是小儿女的情态，可以说是声口毕肖，让人仿佛听到了千百年前那个女孩子的婉转娇音。

李清照此词，其实脱胎于两首唐诗。一是孟浩然的《春晓》："春眠不觉晓，处处闻啼鸟。夜来风雨声，花落知多少。"一是韩偓的《懒起》："昨夜三更雨，临明一阵寒。海棠花在否？侧卧卷帘看。"

同样是伤春惜芳的题材，由不同性别的人写来，风味还是全然不同的。李清照的词比起两位男性诗人的诗来，最大的特点是更为细腻入微。诗词鉴赏家刘逸生认为，李清照作为词人最杰出的地方，恰恰在于她开辟了词坛中的"微观世界"，她能从极微细处写出人物，传出感情，文心之细，是前人所未曾达到过的，也是后人不容易学步的。

落花本是寻常物，但唯有她才能够捕捉到"绿肥红瘦"的细节。绿肥红瘦，不单是惜花，更是自怜，春花将尽，红颜易老，帘外海棠，帘里佳人，更能消几番风雨？

能写出这样的词句来，说明李清照已经告别了天真无邪的懵懂时期，长成为一位早慧善感的少女。所谓长大，也许就是从初识愁滋味开始的吧。不过这个阶段的愁，还仅仅是独处闺中的闲愁，是蜜一样的清愁，与其说是"愁"，倒不如说是惆怅，淡淡的怅惘，淡淡的寂寞，连愁苦也是淡淡的。

在古人眼里，诗和词的功用是不一样的，诗言志，词抒情，诗之境阔，词之境深。兼作诗词的李清照恰好体现了"诗庄词媚"的传统，她的诗全无一分脂粉气，她的词却清丽婉约，极是当行本色。

李清照的词作，在宋时被奉为"婉约之宗"。词这种文体，本来就以刻画女子的相思离愁为长，在她之前，多是男儿们为女子代言，本是大丈夫，强作女儿态，难免有些矫揉造作。而在李清照笔下，由女儿家亲自来写女儿态、女儿意、女儿情，自然体物入微，曲尽其妙。

古时的闺中女子，固然偶尔可以出门游玩，可大多数时候的活动范围还是仅限于闺阁之中的。可以想象，正是贪玩的年纪，却要被禁锢在深深庭院之中，未免会觉得苦闷。尤其是像李清照这样生性活泼的少女，长日无事，难免会滋生出几分闲愁来。暮春时节，尤其是梅雨天气，淡烟疏雨落花天，最易让人触景伤情。她少女时期那些散发着淡淡愁绪的词，就大多作于雨天，比如下面这首《浣溪沙》：

淡荡春光寒食天，玉炉沉水袅残烟。梦回山枕隐花钿。

海燕未来人斗草，江梅已过柳生绵。黄昏疏雨湿秋千。

从词中"斗草"一语，可见写于少女时代。从唐代开始，女孩子们便流行斗百草的游戏，到了宋时余风未衰，晏殊就有句传世："巧笑东邻女伴，采桑径里逢迎。疑怪昨宵春梦好，元是今朝斗草赢。笑从双脸生。"斗草的形式多样，其中一种是以花草名相对，比如"狗尾草"对"鸡冠花"，"益母草"对"宜男花"等。

晏殊词中的斗草少女是欢乐的，李清照笔下的斗草少女则多了几分寂寞。斗草已结束了，女伴们也都已归家，只留下她一个人在自家的庭院里，看着夜色逐渐降临，细雨将秋千一点点打湿。全词没有一个愁字，却自有一缕轻愁从词中溢出。

此词中的末句，"黄昏疏雨湿秋千"堪称点睛之笔，一个湿字，又是其中的词眼。古人评价说，可以与"细雨湿流光""波底夕阳红湿"中的"湿"字争胜。李清照确实工于炼字，仅着一"湿"字，就写出了一位少女的伤春情怀，黄昏疏雨，打湿的何止是秋千，还有少女那多愁善感的心。

在另一首大约作于同一时期的《浣溪沙》中，这种闺中的闲愁和独处的寂寞描绘得更为直露：

> 小院闲窗春色深，重帘未卷影沈沈。倚楼无语理
> 瑶琴。
> 远岫出云催薄暮，细风吹雨弄轻阴。梨花欲谢恐
> 难禁。

又是一个下雨天，春色已深，重帘未卷，百无聊赖的女主人公坐在高楼之上，独自抚琴远眺。远处峰峦渐渐被层云遮蔽，已是黄昏时节，偏偏又下起雨来，那园子里的梨花，怕是难禁这风藉雨揉了。

词中出现了独自抚琴的场景，琴在诗词中是一个特殊的意象，它不仅仅是一件乐器，更暗含着寻求知音之意，钟子期和俞伯牙就是以琴相知，才有了高山流水的佳话。

瑶琴易得，知音难求。词中的女子并无听众，只能对着远

山高楼抚琴。她正当二八年华，却无人做伴，只能够借琴声来诉说"锦瑟年华谁与度"的寂寥。梨花开得那么好，可惜就要谢了，她的青春再好，可惜无人做伴。是伤春，还是怀春？在词中浑然一体，难以分辨。

"欲将心事付瑶琴。知音少，弦断有谁听？"这也许也是她独自抚琴时的心声。和所有情窦初开的少女一样，她盼望着会有那么一个人，能听懂自己的弦外之音。

其实这个时候的李清照，已经文名远扬，"绿肥红瘦"这样的奇句，更是惊艳了整个汴京。

可这一切，并不足以化解闺中少女的寂寞，她需要的是一个真正的知音，一个能听懂她心曲的人。

幸运的是，不久之后，她真的遇到了这样的知音。

既要外表美丽，又要灵魂有趣

李清照长得美吗？

宋时还没有摄影技术，她至今唯一流传下来的一张画像，叫作"酴醾春去图"，画中的"她"瘦伶伶、怯生生的，手持一支黄菊，眉间似含有无限凄怨。

这画像据考证是临摹本，其实就算画像是真的，也未必能画出她的风神韵致。王安石早就说过了，"意态由来画不成"，真正的美人，从来都是在神不在貌的，以当时的画像水准，如何能画出她百分之一的神韵？

可千百年来，喜爱李清照的读者们总是相信，她一定长得很美，因为她在词中给人的印象就是如此。其实李清照很少描写自己的容貌，顶多是写写衣饰、身姿，几乎没有细节上的描写，可我们还是能从她的词里，领略到她的绝代风华。

比起画像，李清照的那些词，更能真实反映她的穿着打扮和风韵气度。

首先她肯定是苗条纤瘦的。唐朝美人如春日牡丹，像杨玉环就是个资质丰艳的胖美人，唐人周昉《簪花仕女图》中的仕女一个个也是丰满圆润；而宋朝闺秀如秋日寒菊，因为当时流行赵飞燕那样可作掌上舞的瘦美人。

李清照的体态肯定远比杨玉环要纤细，"东篱把酒黄昏后"的姿态，只有代入瘦美人，才能有一种"我欲乘风归去"的美感。杨玉环的美是"一枝红艳露凝香"，是肉感的、丰美的；李清照的美则是"人比黄花瘦"，是骨感的、灵性的。

由此看来，至少在身材这方面，李清照是很符合宋人审美的。《宋史》记载其父李格非"俊警异甚"，长相非常英俊，是个大帅哥，从基因遗传的角度来讲，李清照的长相应该不会差。

在她的词中，也处处流露出一种自负天生丽质的美女范儿。这种美女范儿，体现在她对仪容装扮的高度讲究上，女子爱美的天性，被她发挥到了极致。汴京是当时的"时尚之都"，而李清照是那个时代的时尚先锋，在她的妆扮中，可以一窥北宋女子的风尚与潮流。

首先我们来看看发型。关于发型，李清照曾在词里描述过："中州盛日，闺门多暇，记得偏重三五。铺翠冠儿，撚金雪柳，簇带争济楚。"

汴京是座夜里三更才宵禁的城市，元宵节等节日甚至彻夜不宵禁。每逢正月十五，天上的月亮和地上的灯火将整个东京变成了一座不夜城。这一晚，女伴们早早就来相邀，李清照却一定要打扮得十分漂亮才会出门。她是个对时尚相当敏感的少女，到东京没多久，就已经熟悉了这里的风尚。元宵节的这天，她的着装十分隆重，帽子插上了翠鸟背部亮丽的羽毛，两侧还垂着金丝捻成的雪柳，在一群争奇斗艳的少女中格外引人注目。

这里需要对"铺翠冠儿"稍作解释，宋朝贵族女性并不像古装剧中展现的那样，都是各种云鬟高髻，她们在盘好发髻之后，往往还要戴上一个类似帽子的发冠，通常叫作冠子、冠儿。北宋中后期，贵族女子为争奇斗艳，用各种金玉、珠翠等装饰发冠，其形式和材质也逐渐丰富，有以漆纱制成的漆冠，也有用金子制成的金冠。

"铺翠冠儿"，是指头上戴着的发冠是用铺翠手艺制成的，也就是现在说的点翠冠子，点翠工艺制作出的首饰，光泽感

好，色彩艳丽，而且永不褪色。"捻金雪柳"，其中雪柳指的是
以素绢和银纸做成的头饰，类似于假花，捻金指在雪柳上夹捻
的金线，辛弃疾在一首元宵词中同样提到了"蛾儿雪柳黄金
缕"，可见雪柳是元宵节时北宋女子盛行的头饰。少女李清照
出游，不仅要戴上点翠的冠子，还要插上捻了金线的雪柳，只
有这样的盛装打扮，方能算得上不负青春吧。对于这次的元宵
夜游，她一直念念不忘，甚至当她年华老去后，仍然记得这个
晚上的每一个细节，细致到戴了什么帽子、用了什么发饰都记
忆犹新。

簪花也是当时的风尚，宋代是男人也爱簪花的朝代，宋徽
宗巡游之时，"卫士皆戴花"，赐宴过后，回宫途中"亲从官皆
顶球头大帽，簪花"。四相簪花更是传为美谈，相传韩琦镇守
扬州时，名贵芍药金缠腰盛开，他和三位客人宴会，在饮酒赏
花之际，韩琦亲自剪下四朵金缠腰，在座四人每人簪花一朵，
后来四人都官至宰相。

士大夫宴会簪花簪的是文人雅趣，李清照于闺中簪花则
簪出了昵昵小儿女的娇态。在众多鲜花里，她最爱簪的是梅
花，所谓"年年雪里，常插梅花醉"，梅花的疏影暗香，确
实和她的风神气韵两相宜，更为脍炙人口的是这首《减字木
兰花》：

卖花担上，买得一枝春欲放。泪染轻匀，犹带彤霞晓露痕。

怕郎猜道，奴面不如花面好。云鬓斜簪，徒要教郎比并看。

整首词通篇没有出现过"美人"这样的字眼，可字里行间无一不显示，这位斜簪梅花的女子一定是位美人，而且是位相当自信的美人，所以才敢与花儿比美。

再来看看服装。如果说唐朝女子爱红妆，爱华服，展现的是一种高调的华丽，那么宋朝女子则偏爱淡雅中的精致，追求的是一种低调的华丽。与唐代开放的风格不同，宋代女子爱穿的褙子、襦裙遮挡功能更强，整体风格也不似前朝雍容华贵，而是更具清丽灵动之感。

"翠贴莲蓬小，金销藕叶稀。旧时天气旧时衣，只有情怀不似、旧家时。"李清照这里提到自己曾经拥有过一件荷花和荷叶图案的罗衣，花叶运用了贴翠和销金两种工艺，即以翠羽贴成莲蓬样，以金线嵌绣莲叶纹，都是在细节上下功夫，但荷叶田田、荷花明净，整体风格上还是偏于清雅的。

北宋后期奢靡成风，当时的人送聘礼，都流行送销金大袖，黄罗销金裙段之类。受时代风气影响，有时李清照也会走

"轻奢"路线。比如她词中提到过"乍试夹衫金缕缝"，这件衣服听上去有点像唐时流行过的"金缕衣"，据说做起来很是费钱，因为这衣服的袖子要很宽大，一匹布是不够的，只能两匹拼接。拼接之处的缝隙需要拿镂金花边镶嵌在其中，看上去金光闪闪的。

有时候她穿着打扮也颇为大胆，"绛绡缕薄冰肌莹，雪腻酥香"。宋代的纺织技艺已经相当高超，到了盛夏时分，为了防暑，平民女子只能穿透气吸汗的葛布麻衣，贵族女性则钟情于一种比纱还要薄的高端织物，也就是"绡"。绡轻薄透明，很少用来外穿，却是制作睡衣的最佳织物。词中描述的何等香艳，绛红薄绡的透明睡衣朦朦胧胧，雪白的肌肤若隐若现，醉人的幽香阵阵袭来，当此际，不用开口相邀，檀郎也会被撩拨得色授魂与。

李清照无疑是美丽的，但一个女人，只有美丽的外表，给人的感觉就像木头美人，美则美矣，毫无灵魂。历史上的美人何其多也，像宋朝就有著名的美人李师师、陈妙常等，但她们总是给人以面目模糊、灵魂空洞的感觉，李清照却不一样，与外貌相比，她的灵魂更是万里挑一的有趣。

李清照的性子，用现代学者蒋勋的话来说，是有点儿"野"的。这个野，并不是粗野，而是指不那么循规蹈矩。不同于那些一本正经的端庄淑女，李清照是有几分俏皮的，她爱花、爱酒、爱妆扮、爱出游、爱雅集、爱华衣美服、爱俗世间的繁华热闹，她的身上，既有少女的娇憨，又有名士的风度。

说到对女子的评价，《世说新语·贤媛》中提到过这样一个小故事：谢道韫出身于世家，幼时即以"未若柳絮因风起"之句被称为咏絮才女，谢家风范在她身上表露无遗，长大后嫁给王羲之的次子王凝之。当时能够与谢道韫相提并论的只有同郡的张彤云，张彤云是张玄的妹妹，论家世自然不及谢家，论才情却差堪比拟，张彤云嫁到顾家。朱、张、顾、陆是江南的四大世家，张玄也常常夸赞自己的妹妹比得上谢道韫。

有一个叫济尼的人，常常出入王、顾两家，有人问济尼，谢道韫与张彤云谁更好一些，济尼说道："王夫人神清散朗，故有林下风气；顾家妇清心玉映，自有闺房之秀。"

从那以后，人们便常常用"林下之风"和"闺房之秀"来形容女子不同的风韵气度，有林下风气的女子，就如谢道韫一样，神清散朗，大有魏晋名士的气派，而被称为"闺房之秀"的女子，则温婉娴雅如张彤云。任何一个女子，只要拥有这两种特质中的任意一种，都可以称得上是女子中出类拔萃的人物了。

令人惊叹的是，数百年后，出生于宋朝的李清照，竟然出乎意料地将这两种特质集于一身。同时代的人，盛赞她是"闺阁中之苏（苏东坡）、辛（辛弃疾）"，后来者，则称她"不独俯视巾帼，直欲压倒须眉"。《古今词统》中说她的词"亦是林下风，亦是闺中秀"，这句话用来评价她本人也十分贴切，她的性格，正是柔情中有清狂，婉约中见豪放。

李清照非常仰慕魏晋时代的名士，她的作品有二十处典故出自《世说新语》，嵇康、陶渊明、乐广、刘琨、王导等名士频频出现在她的词里。宗白华说，"晋人向外发现了自然，向内发现了自己的深情"，李清照同样是闺中英豪，在她身上不时闪动着魏晋名士们的光影，从未有任何一个女性文人像她这样个性突出、张扬自我。

千载之后，我们读她的词，仍然能够感受到其中有一个活泼灵动的灵魂呼之欲出。在没有照相机的时代，李清照用一首首精美绝伦的词作，为自己绘下了一帧帧自画像。每一首词，都是一帧形神毕肖的小像。摄像机只能记录下一个人的样子，就算是录影机，刻录的也只不过是一个人的动态，诗词就不一样了，词为心声，李清照的词里，不仅仅有着她的轻颦浅笑，一举一动，还藏着她全部的情感和灵魂。

李清照的美，美在生动鲜活，读她的词，仿佛仍能够见到她流转的眼波，听到她的盈盈笑语。这样的女子，一定是像清代张潮在《幽梦影》中所描绘的那样，"所谓美人者，以花为貌，以鸟为声，以月为神，以柳为态，以玉为骨，以冰雪为肤，以秋水为姿，以诗词为心"。如果说前面几点还比较容易达到，说到"以诗词为心"，也只有李清照这般的才华横溢才能够得上这个标准了。

人们称她是"千古第一奇女子"，这个奇，正是奇在有趣，奇在特立独行，奇在不走寻常路。她当然不是十全十美的仙女，张岱说过，"人无癖不可与交，以其无深情也；人无疵不可与交，以其无真气也"，她爱美成癖，爱酒成性，爱诗成狂，喜欢一样东西往往沉迷到了极致，故而一往情深，她有瑕疵，在道学家眼里一堆缺点，就像张爱玲在《小团圆》中说的那样，"我像镂空的纱，全是缺点组成的"，没有缺点的人完美得不真实，正是有了这些瑕疵，故而真气淋漓。

第二章

关于婚姻：

是夫妻，也是知己

她因灵魂被爱

宋朝人是十分爱才的，这从他们对婚姻的态度就可见一斑。宋朝人择婿，最看重的不是门第，而是才华，由此还形成了"榜下捉婿"的风气。同样，有才华的女子也备受关注，尤其是李清照这样身负绝世才华的。

唐朝的崔护，就因随笔题下的"人面桃花相映红"之句，引得只见过他一面的陌生少女相思成灾，从而结下了一段"桃花缘"。李清照的姻缘，也是从她写下"绿肥红瘦"这咏海棠的千古名句时就埋下了伏笔，或许我们也可以称之为"海棠缘"。

"绿肥红瘦"，奠定了李清照的词女之名。在这不久之后，一个和她从未谋面的太学生，做了一个美丽至极的白日梦：

有一天，这位太学生白天午睡，做了一个奇怪的梦，梦中他读到一本书，醒来后只记得三句了。百思不得其解的他将那三句话抄下，拿去给父亲看。那三句话分别是：言与司合；安上已脱；芝芙草拔。他父亲看了后，略微思索了下，就开心得大笑说："我的孩儿将要娶一名能文词妇了。"并耐心地向儿子解释：言与司合，是"词"字；安上已脱，是"女"字；芝芙草拔，是"之夫"二字。四个字连起来，不正是"词女之夫"吗？

这是元代伊士珍所著《琅嬛记》中记载的一则故事，并美其名曰"芝芙梦"。此书多是小说家言，不足为信，可这则故事相当深入人心，因为人们宁愿选择性地相信，故事里的主人公，和他心心念念的那位"词女"，就是一对天作之合的璧人。

与其说这是一场离奇的白日梦，倒不如说是场精心营造的相思梦。造梦的主角，自然是这位太学生了，他为了迎娶心中的那位词女，编织出了一场"芝芙梦"。当父亲自以为机智地揭露出谜底时，却正中了儿子的下怀——他正是要父亲说破他的心事，才好光明正大地向梦里佳人提亲。

梦可能是假的，他对这位"词女"的钟情却没有掺半分假。

放眼整个汴京，能够无愧于"词女"这个称号的，自然非李清照莫属。显然，他为之魂牵梦萦的词女就是李清照，而这个太学生，自然就是赵明诚了。

太学，是宋朝时的最高学府，也是朝廷的后备人才库。宋徽宗赵佶上台后，扩充太学，同时废除科举，人才全由学校选拔，太学一时达到了极盛。太学生分为上舍、内舍、外舍三等，其中上舍学生通过考试，可直接授予官职，一般都授予京官。

赵明诚能考入太学，一来是由于出身显赫，二来也离不开他的天资聪颖和后天努力。他是当朝高官赵挺之的三儿子。赵挺之是山东密州人，时任吏部员外郎，有出色的政治才华，短短几年内就从地方官升任到吏部要职，在官场上正有"好风凭借力，送我上青云"之势。

出生在锦绣堆里的赵明诚，并没有一般纨绔子弟的作风。和父亲赵挺之不一样的是，他对仕途并没什么兴趣，而是醉心于金石碑刻。有宋一代对金石拓本的收藏风气十分浓厚，一代文宗欧阳修就曾收藏了上千件金石器物，并写成了《集古录》一书。

受此影响，年轻的太学生赵明诚，从小就具有强烈的"金石癖"。父亲赵挺之在徐州为官时，赵明诚就从当地收集了两块古代碑刻，当时他年仅九岁。十七八岁时，他已因藏品丰富、鉴赏眼光独到而在汴京的文物收藏圈子中享有一定的名声了。他的姨父，也是著名诗人的陈师道在外地为官时，都不忘为这个外甥搜罗藏物，曾多次致函为他提供当地碑刻的线索。

赵明诚在太学就读时，恰好李清照的父亲李格非正在担任太学正，她的堂哥李迥也在太学入读。李格非素来是以女儿才学为荣的，可以想见，在他们的宣扬下，也许赵明诚早就耳闻李清照这位才女的大名了。

李清照的才名，随着"绿肥红瘦"的横空出世，早已轰动了北宋的文人圈，他不可能没有听过她的名字，也不可能没有读过那些词作。

他对李清照的好感，很有可能在那时已经萌芽。她的影子，潜伏在她的词句中，一天比一天鲜活。他仿佛看见她和一群少女划着莲舟，"争渡，争渡，惊起一滩鸥鹭"，是如此的活泼明媚；又仿佛看见她对着远山暮云，"倚楼无语理瑶琴"，是那样的闲愁万种；她时而豪气干云，纵论时事，敢于直斥"著碑铭德真陋哉，乃令神鬼磨山崖"；时而又伤春惜花，叹惜雨后海棠"应是绿肥红瘦"……在没有见到她的人之前，他已经先爱上了她的灵魂。

这样的一个女子，确实值得他魂为之牵，梦为之萦。当他到了适婚年龄，父亲赵挺之为他择偶时，他马上就想到了她，所以才有了那个美妙之极的"芝芙梦"。父亲读懂了儿子的巧妙心思，也乐意成全他。不管是对于赵明诚还是赵家来说，能够娶到李清照这样的名门淑女，都是足以引以为豪的。

对赵家的提亲，李格非也是乐意的。虽然他和赵挺之两人派系不同，但那时新旧党争还未如后面那般激烈，他们都是山东人，同在朝廷为官，官阶职位相近，家庭条件也相当，如此门当户对，能够结为儿女亲家，自然是件锦上添花的好事。

不过，和李格非的态度相比，更重要的是李清照的态度。很显然，她可不是个任人摆布的柔弱小姐，婚姻嫁娶这样的大事，做父亲的也得尊重女儿的意见。

唐宋时女子的婚姻，其实是带有一定的自主性的。女孩子不仅仅是等待着被挑选，她们往往也拥有挑选夫婿的权利，尤其是在达官贵人之家。

唐玄宗时的宰相李林甫非常疼爱女儿，当他的六个女儿到了适婚年龄时，他在家中客厅的墙壁上开了一个窗口，窗框上镶嵌着珠宝，整个窗口用绛红色半透明的绢纱罩起来，客厅内的人可以看见外面，外面的人却看不见里面。这就是李家发明的"选婿窗"。每当有官宦子弟来访时，李家的女儿们就能够透过"选婿窗"观察来客，从中挑选出如意郎君。李林甫口蜜腹剑，被称为"奸相"，可待女儿确实是拳拳父爱，"林甫千金女，宝窗选婿时"也成为了一时佳话。

到了宋朝，仍然延续了这种风气，不少家长在为女儿选夫婿时，会充分考虑她们的意愿。南宋理学家徐侨有个族姐徐氏，父母在世时为她择婿，她总能找到理由拒绝。父亲病故后，母亲让她嫁给表哥，她却明确表态说："我不愿意做富人的妻子。"

更有甚者，有的女性由于眼光太高，宁愿选择独身。宋朝大儒程颢的女儿知书达理，人人称道，但一直没有嫁人，活到二十五岁就去世了。她去世后，叔叔程颐撰文悼念说："尝有所议，不忍使之闻知，盖度其不屑也。"就是说，也有人上门提亲，但大家都知道一般人根本入不了他这位侄女的法眼，所以不好意思去自讨没趣。

风气如此，可以推测，当赵家托媒人上门求亲后，以李格非的民主作风，肯定会征询女儿的意见。李清照从父亲和堂哥李迥的口中，已隐约得知赵明诚才学出众，人品儒雅。这些都是可以打听到的，但有一件事非亲自看见才能算眼见为真——那就是这位上门提亲的赵公子，究竟长得如何？

机会很快来了，恰好这位赵公子和李迥本是同学，找个借口登门拜访不是什么难事。于是，在一个暮春之日，李家的花园里，就闯进了这样一位"不速之客"。

关于和这位"不速之客"的邂逅，李清照在一首《点绛唇》中刻画得十分传神：

> 蹴罢秋千，起来慵整纤纤手。露浓花瘦，薄汗轻衣透。
>
> 见客入来，袜划金钗溜。和羞走，倚门回首，却把青梅嗅。

荡秋千是古代女孩子们喜爱的闺中游戏，被称为"秋千戏"，李清照也不例外。古人荡起秋千来是讲究时节的，荡秋千和蹴鞠一样，都是暮春季节必须要进行的一种游戏。这时候，严冬早已经过去，万物生长，春光烂漫，少年们忙着蹴鞠，少女们则荡起了秋千。荡秋千宜在春日花间，心灵手巧的女孩还会在秋千架上饰以盛开的鲜花，"濛濛百花里，罗绮竞秋千"，是多么绝妙的场景。

李清照是爱秋千戏的，她早期的词作中，不止一次出现过秋千的意象。那架轻轻摇荡的秋千架，见证了她飞扬的青春。当秋千越荡越高时，她仿佛感觉到自己挣脱了层层束缚，变得身轻如燕，那是人在少年时才能体会到的轻盈。

在这首词中，她已经荡完秋千了，出现在我们面前的这位少女，是娇慵的、懒散的，浑身都散发着暮春时节的慵懒情绪。光从"慵整"这两个字，我们就可以推测出她刚刚荡秋千时是多么尽兴。

为了享受在风中飞扬的感觉，她早早就换上了轻薄的春衫，可即使是如此，还是由于费力过多而香汗淋漓，弄湿了身上的罗衣。"纤纤手""轻衣透"，绘出了一个娇娇怯怯的少女形象，这不算什么，其他词人也常常这样写，可"露浓花瘦"四个字，却不是一般词人能够写出来的。

李清照真是善于用"瘦"字，露浓花瘦，几乎可以与"绿肥红瘦"相媲美。这四个字妙就妙在一语双关，园中缀满露珠的鲜花，不正像"薄汗轻衣透"的李清照一样，正是"露浓花瘦"吗？

她正在拭汗，这时候，忽然听见家仆报有客来访，感受到来客的灼灼目光，她连忙起身回避，因走得太急，连鞋子也忘了穿，只穿着袜子就跑掉了，又因跑得太快，连发鬓上的金钗也掉了下来。

"和羞走"，究竟是什么样的客人，会让她如此羞赧，急急忙忙地跑开呢？李清照本是一位落落大方的名门小姐，日常也曾和晁补之、张耒这样的前辈们谈诗论文，如果是普通的来客，她大可敛衽问好，从容应对。但看她此刻的神情，除了惊慌之外，更多的是娇羞。

她为何如此羞涩？应该和来客的身份有关。

在此，我们不妨大胆地推测一下，这位清早就来访的客人，很有可能就是赵明诚。她已耳闻他的求亲意向，出于女子的矜持，一听是他来访，自然会羞得连忙躲避。可她又不愿意放弃这个难得的见面机会，跑到门边又频频回头，为不被客人看穿心事，只得使了个小伎俩，"却把青梅嗅"。

好一个"却把青梅嗅"，少女的娇羞之态，跃然纸上，那略带着酸涩的青梅，恰好是一颗初识情滋味的少女心的象征，酸里透着甜，不正是初恋的味道吗？千载之后，学者詹安泰读了后也忍不住击节称赞："女儿情态，曲曲绘出，非易安不能为此。求之宋人，未见其匹，耆卿（柳永）、美成（周邦彦）尚隔一尘。"

其实，和那首著名的《如梦令·咏海棠》一样，这首词的词意也化用自韩偓的七绝《遇见》："秋千打困解罗裙，指点醍醐索一尊。见客入来和笑走，手搓梅子映中门。"

可见李清照对韩偓诗的偏爱，但她的过人之处，在于点铁成金。韩偓诗中的女子"见客入来和笑走，手搓梅子映中门"未免有几分轻薄，怎及得李清照笔下"和羞走""倚门嗅青梅"的女孩那般娇羞顽皮，脉脉含情？

如果来客真的是赵明诚的话，这真的称得上是一次绝美的邂逅了。邂逅之美，就美在不期而遇，如果是事先约定的话，他就没法看到她含羞跑开的样子了，虽然有些狼狈，却是那样真实可爱。而她呢，骤然见到了那个对她倾慕已久的人，眼前人是意中人，四目相投之间，彼此都是既惊又喜。

这种猜测并不是空穴来风，结缡前的李清照和赵明诚，也许不仅见过面，可能还有过美好的约会，有词为证：

绣面芙蓉一笑开，斜飞宝鸭衬香腮。眼波才动被人猜。

一面风情深有韵，半笺娇恨寄幽怀。月移花影约重来。

这首《浣溪沙》，写的分明就是男女幽会的情景。所谓"月移花影约重来"，熟悉《西厢记》的读者都知道，这是在化用崔莺莺和张生约会的典故。莺莺对张生情动，托红娘带给他一首自己写的诗，诗中说："待月西厢下，迎风户半开。拂墙花影动，疑是玉人来。"自此以后，月移花影就成了男女欢会的独特隐语。

很多人质疑这首词不是李清照写的，因为他们无法想象，身为大家闺秀的李清照，词中怎么会出现男女私会的场面呢？甚至有人凭空揣测，将之附会成李清照和他人私会的艳词。

其实，只要把词中的密会者替换成赵明诚，所有疑惑就迎刃而解了。试想一下，一个是翩翩少年郎，一个是窈窕美少女，都是情窦初开的年龄，既然已经定了亲，议了媒，偶尔背着家人幽会不是很正常吗？那些质疑李清照不会写出此词的人，是由于他们早已将她奉为心中女神。女神是圣洁的，容不得有一丝一毫越礼之举，可真实的李清照，是一个有着丰富情感需求的女子，她也许并不那么完美，却是活生生、有血有肉的。她的行为，又岂是礼教能够束缚得住的？

"月上柳梢头，人约黄昏后"，对于热恋中的男女来说，没有什么比相约花前月下更浪漫的事了。囿于当时的森严礼教，他们不得不选择偷偷幽会，这突破禁忌的见面，由于难得，更是让人心旌摇曳。

词中的少女，活脱脱一副沉醉于爱情中的模样，摹写娇态，曲尽如画。可即便是沉醉于爱情中，她仍然不失大家闺秀的本色，清人吴衡照评价："易安'眼波才动被人猜'，矜持得妙；淑真'娇痴不怕人猜'，放诞得妙。均善于言情。"

同样是幽会，李清照是和名正言顺的未婚夫相见，心中再喜悦，表面上仍然是矜持的；朱淑真却疑似是和婚外的情人密会，"娇痴不怕人猜，和衣卧倒人怀"，多了份不管不顾的放诞。

词是爱情的文学，情之一物，对于一个填词的女子来说是不可或缺的。初次品尝到爱情的甜美和酸涩，李清照的词中从此以后多了一种特殊的滋味，那种滋味叫做缠绵。若是去除掉这种滋味，整部《漱玉词》将如同白开水，索然无味。

最好的门当户对，是精神上的志同道合

宋徽宗建中靖国元年（1101年），正值青春的李清照披上了嫁衣，嫁给了大她三岁的赵明诚。这一年，她才十八岁，正是锦瑟年华，虽然如此年轻，却早已负才女之名，又嫁给了可意的郎君，世间称心如意，莫过于此了。

寻常夫妻，倘若两情相悦，就已经算是理想婚姻了。可李清照是个才女，满身的诗人气质，她对爱情、婚姻肯定有着更多的憧憬，期望婚姻在相濡以沫之外，还能有着灵魂上的相知相惜。

上天确实垂青于她，真的满足了她所有的憧憬，赵明诚之于她，不仅是夫君，还是朋友，是知己，用现代的话来说，他们即是结发夫妻，又是灵魂伴侣。

这无疑是十分难得的。自古才女多薄命，这个薄命，一是由于心气太高，二是由于遇人不淑。心气高可以说是薄命的源头，才华过人的女子难免会眼高于顶，瞧不上一般人，所以难免会产生所嫁是庸人的感叹。

只要纵观一下历史，就会发现，那些常常被人们拿来和李清照对比的才女们，很多人的婚姻都是不幸的。

谢道韫就是头一个发出这类感叹的才女。谢道韫出自名门，是东晋名相谢安的侄女，《晋书》中说她"风韵超迈，姿才秀远"，以一女子而有林下风气，被称为女中名士。就是这样一个才女，却嫁给了王凝之那样的丈夫。谢王联姻，本是门当户对，奈何王凝之不学无术，又笃信五斗道，整天在家设坛问道。

谢道韫很瞧不上他，一次回娘家时对叔叔谢安叹道："谢家满门才俊，叔父辈有谢安、谢据，兄弟中有谢韶、谢朗、谢玄、谢渊，个个都很出色，没想到天地间，还有王郎这样的人！"她的原话是"不意天壤之间，乃有王郎"，言下之意是，这个丈夫和她的兄弟叔伯一比，简直是天上地下。从此后，"天壤王郎之叹"就成了女子所嫁非人的隐语了。后来有人叛乱，王凝之果然靠不住，连敌人来袭时也只知求神拜佛，结果被一刀杀了。谢道韫因勇于反抗令乱党心生敬重，得以带着小外孙活了下来，晚年颇为凄凉。

另一个常常被拿来和李清照相提并论的才女是朱淑真。她生于南宋的一个官宦之家，自幼聪明颖慧，饱读诗书，可惜嫁给了一个小吏，夫妻之间志趣不合，一生都郁郁不得志，最后抑郁早死。据说她死前，父母将她的生前文稿付之一炬，后人将其流传在外的作品辑为《断肠集》。

朱淑真在爱情方面是很坎坷的，有说她和丈夫不和，早已在无爱的婚姻中出轨，也有说她被丈夫休弃回家，后来才另觅爱人，但可惜的是，她和这位情人并未善始善终，还是落得分手告终。她的早逝，多半源于感情上的备受打击。朱淑真父母恨诗词误了女儿终身，她自己也将一生的多舛归结于舞文弄墨，曾做《自责》二首，诗中说：

女子弄文诚可罪，那堪咏月更吟风。磨穿铁砚非吾事，绣折金针却有功。

闷无消遣只看诗，不见诗中话别离。添得情怀转萧索，始知伶俐不如痴。

对比之下就会发现，李清照实在是深得上天厚爱。她不用悲叹"始知伶俐不如痴"，因为她嫁的那个人正是因为她的伶俐，才对她青眼有加的。这份伶俐和才气，不仅没有阻碍她婚后的美满如意，反而给她的婚姻生活增添了无尽的情趣。

赵明诚和李清照这对夫妇历来为人称羡，明代江之淮就在《古今女史》卷一中说："自古夫妇擅朋友之胜，从来未有如李易安与赵德甫者，佳人才子，千古绝唱。"所谓"夫妇擅朋友之胜"，也就是说他们志趣相投，习气相近。这比男女之间的情投意合更为难得，再热烈的感情也难免有冷却的一天，唯有共同的兴趣、精神的契合才能经得起时间的考验。

对诗词文学的醉心以及对金石文物的癖好是他们相知相爱的精神基础，构成了他们最重要的感情纽带。赵明诚素来酷爱古碑石刻，小小年纪就立下了"尽天下古文奇字之志"，对金石文物的搜集到了成瘾的地步。

巧的是，李清照恰好也有这方面的爱好。关于她的"金石癖"，还曾有过这样一个小故事：

那时李清照还未出嫁，有一年清明前，姨母给她做了一件漂亮的裙衫，让她在清明踏青时穿。清明那天，她穿着手工精巧的春衫去逛书市，突然被地摊上的一本书吸引住了，那是一本古色古香的书，书皮上以篆体写着《古金石考》，正是她梦寐以求的古书。她问卖书的老者书的价格，老者对她说，这书至少得要三十多两银子。可李清照当时身上只带了十几两银子，眼看着天色渐暗，她灵机一动，对老者说："你先等等，我马上就回来。"半个时辰后，她仅仅穿着一件内衬的单衣出现在老者面前，将三十两银子交到了他手里，老者这才知道，原来这个姑娘为了买书，不惜典当了身上华美的新衣。

人们津津乐道于这个故事，因为故事中李清照的举动，恰好符合他们对这位才女的期待——只爱华衣美服的是庸脂俗粉，愿意典裙买书的才是高出流俗的才女。故事也许是杜撰的，可李清照那种爱书成痴的劲儿却是真的，"典裙买书"的传说，在她和赵明诚结缡后很快成为了现实，为了购买碑文石刻，她真的不惜将贵重的衣物质押给当铺。

关于这一段生活，李清照在《金石录》后序中有这样一段描写："余建中辛巳，始归赵氏。时先君作礼部员外郎，丞相时作吏部侍郎，侯年二十一，在太学作学生。赵、李族寒，素贫俭。每朔望谒告出，质衣取半千钱，步入相国寺，市碑文果实归。相对展玩咀嚼，自谓葛天氏之民也。"

从文中可知，李清照初嫁赵明诚时，他还是个尚未做官的太学生，没有什么收入，纯靠双方父母资助。赵、李两家在京城也算不得什么大富之家，一直维持着清贫俭朴的作风。尽管没什么经济来源，赵明诚却不改对金石文物的痴心。这可是项烧钱的爱好，那么所需的资金从哪里来呢？

身为一个太学生，赵明诚只有在每个月的初一、十五才能回家一趟，每当这个时候，他和李清照就去当铺典当衣物，换来五百来钱，然后结伴去大相国寺购买文物。

读过《水浒传》的人肯定对大相国寺印象深刻，那正是花和尚鲁智深倒拔垂杨柳的地方。大相国寺既是京城最大的寺庙，也是一个繁华的集市，"伎巧百工列肆，罔有不集；四方珍异之物，悉萃其间"。这里荟萃了从全国各地聚集来的书籍、古玩、图画，形成了一个文物交易市场，每月逢八及初一、十五开放，吸引了无数文物爱好者，文豪苏轼、大画家米芾都是这里的常客。

相比那些一掷千金的豪客，赵明诚和李清照就只不过是一对不起眼的常客，他们通过典当能拿出来的钱十分微薄，只能费尽心思一样样慢慢挑选，希望能淘到物超所值的宝贝。这对醉心文物的小夫妻，就曾因为囊中羞涩错过了喜爱的字画而怅恨不已。有一次，有人拿着南唐著名画家徐熙的《牡丹图》向他们兜售，要价二十万。对这幅《牡丹图》，他们喜爱得不得了，特意将画借回去连着欣赏了两个晚上。可惜二十万的要价远远超出了他们的承受能力，虽多方筹措，还是无能为力，最后只得恋恋不舍地将画还了回去。夫妻两人相对感叹了数日。

尽管买不起稀世奇珍，可这并没有减少他们赏玩文物的乐趣。有趣的是，他们购买金石字画时，常常也不忘购买一点儿时鲜果子，然后再迫不及待地带着心爱之物回到家里，一边展玩古物，一边品尝果子，从中得到了无限的快乐。

李清照常自谓"葛天氏之民"，葛天氏是上古传说中的帝王，相传在他的治理下，民风淳朴，百姓安居乐业。李清照以上古帝王之民自比，是说自己也像他们一样，不追求功名利禄，只渴望恬静闲逸的生活。

显然，这是一对把精神旨趣看得比什么都重要的夫妻，虽然为了购买文物要节衣缩食，他们仍不改其乐。

赵明诚能尽兴搜集天下古玩文物，离不开李清照的大力支持。她毫无保留地支持她，倾其所有地帮助他，这不仅仅是因为她爱他，更是出于她对他的理解。换了别的贪慕荣华的女子，一定没法理解赵明诚的志趣，可李清照能理解，因为她和他本来就是一类人，精神生活对他们的吸引力，要远远超过物质享受。

有了这份理解，才有了长达数十年的相知相惜、相爱相守，才让他们迥别于寻常夫妻，成为才子佳人的千古典范。从他们之后，"夫妇擅朋友之胜"的婚姻模式成了人们心目中最理想的婚姻，元代的赵孟頫和管道升、清代的沈复和陈芸以及现代的钱钟书和杨绛，这些备受赞誉的美满姻缘，都是这一婚姻模式的不断重演。

李清照能赢得"千古第一才女"的美名，才华横溢固然是主因，美满的婚姻也给她增添了不少光彩。赵明诚之于李清照，就像荷西之于三毛、钱钟书之于杨绛的意义一样重大。如果将李清照比作北宋词坛的织女星座，那么赵明诚就是与她遥遥相对的牛郎星座，彼此独立，而又相互辉映。牛郎织女一年只得一会，他们却能朝夕相处，这对地上的知己夫妻，毫无疑问要胜过天上的寂寞双星。

能够嫁给赵明诚，李清照无疑是十分幸运的，夫君恰好是她的仰慕者，满心爱慕她的才华，懂得欣赏她的独特。他对她，是充分包容甚至有些纵容的。她活泼的个性，一旦有了爱人的纵容，便愈发飞扬恣肆起来。

于是我们欣喜地看到，待字闺中的李清照还尚如一枝含苞欲放的蓓蕾，结缡之后，这枝蓓蕾便如乍逢雨露阳光，徐徐绽放开来，吐露着芬芳。

她喜欢在夫君面前撒娇，也喜欢和夫君开些无伤大雅的玩笑，这首《丑奴儿》就表现了她风情万种的一面：

晚来一阵风兼雨，洗尽炎光。理罢笙簧，却对菱花淡淡妆。

绛绡缕薄冰肌莹，雪腻酥香。笑语檀郎：今夜纱

橱枕簟凉。

此时已是由春入夏了，新人之间的感情也越发亲厚了。就在这个仲夏的傍晚，天公作美，下了场阵雨，一扫连日来的闷热，让人的心情也随之变得舒畅。词中的女主人公就在这个仲夏夜款款登场了，她先是吹了一曲笙歌，然后又对着镜子梳妆起来。给自己化完晚妆后，她换上了一袭轻薄的红绡衣，隐隐可见衣中肌肤如雪。

读到这里读者可能有点奇怪了，都大晚上了，她为何还如此精心打扮？谜底在最后一句揭晓，她对她的郎君，笑意盈盈地说道：刚下了场雨，今天晚上的竹席应该会有些凉了！

直到这时，我们才恍然大悟，她的对镜梳妆、晚来更衣，原来都是为了她的夫君，前面那么多举动，都是为了她最后说的这句话在做铺垫。

词写得如此香艳大胆，仿佛有暧昧的空气在流动，难怪有些一本正经的卫道士批判此词"浅显直露，格调不高"，他们甚至矢口否认此词是李清照所作，认为她不可能写出这样的"艳词"来。

这首词确实写得浅显直露，可浅显直露之作，就一定是格调不高吗？

说到闺房情调，不得不提起与此相关的一个小故事。西汉的京兆尹张敞，酷爱为夫人画眉，而且画得非常妩媚，有好事者居然以此事参奏张敞，皇帝就问张敞有没有此事，张敞坦然答道："我听说闺房之内，夫妻亲昵的事情，有甚于画眉者。"

李清照此词，描写的就是"甚于画眉"的闺房之乐，全词写得委曲婉转，这比秉笔直书还令人心旌摇荡。试想一下，对着她的软语挑逗，她的郎君一定会神为之摇、魂为之夺吧。

夫妻之间调情取笑，在现代人看来再正常不过了。可在相对保守的宋代人眼里，一个女子作出这样的词称得上离经叛道。和她同时的王灼就如此说她："作长短句，能曲折尽人意，轻巧尖新，姿态百出。闾巷荒淫之语，肆意落笔，自古缙绅之家能文妇女，未见如此无顾藉也。"

他说得显然有些言重了，可有一点他说得对，李清照的独特之处，就在于行文从来都无所顾忌。她无所顾忌地抒发着自己的感情，无所顾忌地记录着夫妇之间的闺房情趣，这样的肆意真率，正是她的本色所在。可与同时代的"淑女"们相比，她未免太过大胆也太过前卫了。

好在随着时间的流逝，人们越来越懂得欣赏她的前卫和大胆。近代词学名家龙榆生就用"风流蕴藉"来形容她，这个风流，是风韵风情的意思，和个人作风无关。曹雪芹笔下的林黛玉，也是"身体面庞虽怯弱不胜，却有一段自然的风流态度"。

　　林黛玉之风流，是少女的天然风韵；李清照之风流，却是少妇的娇媚风情。李清照比林黛玉幸运的是，她嫁给了自己心心念念的意中人，从今往后，她的万种风情，自有人细细领略了。

何况人间父子情

　　任何人的婚姻都不可能是一帆风顺的，哪怕李清照和赵明诚也是如此。刚刚品尝过新婚的甜蜜之后，他们就迎来了婚姻中的第一次考验，那就是著名的元祐党碑事件。

　　事情若要从头说起的话，还得追溯到宋神宗年间的熙宁变法，也就是"王安石变法"。作为变法的领军人物，王安石和历史上的锐意改革者一样成为了有宋一代争议最大的人物，誉满天下的同时也谤满天下。崇拜他的人称他为"千古一相"，认为他是改革的急先锋，不喜欢他的人却认为对于北宋的衰亡，这位专制的相国要负很大的责任。

　　孰是孰非，每个人心中自有定论，这场发端于熙宁年间的变法，毫无疑问给国家下了一剂猛药，可惜积弱积病的大宋早已病入膏肓，消受不了这么猛的药劲。随着王安石的上台和专权，朝中的大臣很快分裂为两个派系，也就是新党和旧党。说北宋亡于王安石变法未免言过其实了，但北宋的灭亡，过于激烈的新旧党争确实难辞其咎。他们为了集团的利益相互攻讦，最终加速了北宋的灭亡。

所谓新党，也就是变法派，即我们现在所说的改革派。这一党派以王安石为首，门下有吕惠卿、章惇等。而旧党则是通常所说的保守派，以司马光为首，欧阳修、苏轼、黄庭坚、韩琦等都是反对新政的。

北宋中后期，基本形成了新旧党轮流把持朝政的局面。党争一开始只是政见不同，后来渐渐发展成水火不容的局面，新党一得权，马上要将旧党的重臣全部赶出朝廷；旧党上了台，也恨不得置新党于死地。王安石的初心，原本是希望借变法使国富民强，结果却让变法变成了一些势利小人用来攻击政敌的工具。

历史上党争最后的结局总逃不过两败俱伤，北宋朝中不知有多少重臣成为了新旧党争的牺牲品。拿旧党一派来说，苏轼的后半生基本就是在贬谪中度过，先是被贬到不毛之地的黄州，接着是惠州，最后甚至被贬到了海南这样的当时的化外之地。秦观、黄庭坚都是死于被贬之地。

新党的下场同样悲惨，章惇、吕惠卿等人不仅也有过一再被贬的遭遇，而且落下了千古骂名。新党一派的品行究竟有没有那么不堪是有些存疑的，谁让他们的政敌都是些文坛领袖呢。

新旧党争持续了五十余年，宋神宗年间，王安石两度罢相又被召回，新政时兴时废，百姓们无所适从。一代名相王安石，最后因变法无法执行下去郁郁而终。

神宗病逝后，不到十岁的哲宗继位，改元元祐，被称为女中尧舜的高太皇太后垂帘听政，召回司马光主持朝政。当年王安石以执拗的态度执意推进新政，被称为"拗相公"；后来司马光以同样执拗的态度将新法悉数废除，也得了个"司马牛"的外号。苏轼领导的蜀党在宋哲宗元祐年间权重一时，他本人被封为翰林学士，门下弟子也纷纷被朝廷起用，煊赫一时。这在历史上被称为"元祐更化"。守旧派掌握了政权，他们利用手中的权力对新党进行了一次清洗。

仅仅八年之后，高太皇太后驾崩，哲宗亲政，大力任用变法派，新党中坚力量相继还朝，重新得势。针对元祐年间旧党的清算，新党利用权力展开了疯狂的倾轧和报复，几年间，旧党被悉数排斥外放。

值得注意的是，李格非在苏门的地位不如黄庭坚、秦观那样突出，和苏轼的关系也不如他们亲近，而且从他的处事作风来看，他和新旧两党关系都还可以，不然的话，也不会将女儿嫁给新党的赵挺之之子。在党争之中，他也力图保持中立，这种不偏不倚的态度让他的仕途还算顺畅。

正因如此，章惇上台为相后，才试图拉拢李格非，任命他为检讨，也就是让他搜集旧党的"罪证"。平时不露峥嵘的李格非断然拒绝了，他虽然不是纯粹的旧党，却也不愿意向老师和同门头上扣屎盆子，因此被外放任广信军通判。但由于他和新党中的蔡确、赵挺之、李清臣关系都还可以，只是被象征性地外放了一年，一年之后就召回汴京，继续稳步上升。

宋徽宗即位后，先是改元建中靖国，任用曾布为相，主张调和新旧党争。但曾布本为新党，使调和成了一句空话。第二年，徽宗改年号为崇宁，意为"崇尚熙宁"，重用蔡京为宰相。蔡京素来视旧党为仇寇，他上台之后，立即以打击旧党为己任，受创最重的就是曾经得势过的元祐党人。

李格非在前面的党争中没有受到太大波及，可这次却难以避免地被卷入了风波之中。

从崇宁元年开始，朝廷先后下诏，清算所谓的元祐党人。此时旧党的核心人物如苏轼已经过世，可新党的报复依然疯狂。朝廷连列了几张元祐党人的黑名单，范围一次比一次大，第一张黑名单中仅有十七人，李格非排名第五位，第二张黑名单扩大到一百二十人，李格非在中层官员中排名第二十六位，在蔡京的唆使下，徽宗御笔亲题，刻了一块石碑，将元祐党人的名字刻在上面，将他们一一定为奸党，立碑为记，连故去的司马光、苏轼也无一幸免。最后蔡京将三百零九人列入了元祐党人名单，借此大肆铲除异己，这就是臭名昭著的元祐党碑事件。

针对碑上所列的元祐党人，朝廷连下了几道诏令，一道比一道严厉，先是勒令元祐党人及其子孙不得在京城居住、做官；后又诏令宗室不得与党碑上所列人物的家族联姻，若是已经订亲但未交换聘礼、聘帖的，必须退掉亲事。

在这场严酷的政治斗争中，李格非这次也在劫难逃了。他被罢免了提点京东路刑狱之职，携眷离开了汴京。据说他被贬到了象郡。象郡地处广西，当时属于不折不扣的南蛮之地。刘克庄《后村诗话》中确实收录了李格非所写的一组诗《初至象郡》，如若不是被贬，他不可能去到如此偏远蛮荒之地，而且从此再未被起用。

李清照的尴尬之处，在于她正好处在新旧党争的夹缝之间。当李格非被贬到京城数千里之外时，他的亲家赵挺之却正好春风得意，一路扶摇直上。这场纷争中，他是蔡京坚定的支持者和拥护者，在后者的大力推荐下，赵挺之被提升为副相，后来又很快擢升为宰相，而这一切，是以元祐党人的被驱逐为前提的。

形势如此严峻，一下子出乎了李清照的意料。她和父亲，都是那种对政治并不太敏感的人，不然的话，也不会在赵挺之携子上门求婚时，不顾双方党派的差别而欣然应允。那时他们可能以为，派系之间的斗争不足以影响到两个家庭的和睦。

事实证明他们还是太天真了，直到父亲被驱逐出京时，李清照才认识到政治斗争是如此残酷，她万万没有想到，那些要将父亲赶出京城的人之中，就有自己的公公赵挺之！公公居然罔顾儿女亲家的情分，将政治利益置于人伦情分之上，这是她根本就想象不到，也接受不了的。

对于李清照来说，这不啻为一个晴天霹雳。她嫁过来还不到一年，才刚刚享受到燕尔新婚之乐，却不料突遭巨变，眼睁睁地看着父亲一家人被赶出京城，去到那遥远的蛮荒之地。

一边是得势的公公，一边是失势的父亲，她到底应该何去何从呢？古时候的女子，有"在家从父、出嫁从夫"之说，嫁出去的女儿如果向着夫家，旁人也会认为理所当然，不会多说什么。何况以一个刚过门不久的儿媳身份，对长辈的所作所为，也不太好干涉。

可别的女人恪守的规矩，不代表李清照也会照样遵守。她素来敢作敢为，又和父亲感情深厚，坐视不理、袖手旁观这样的事她是无论如何做不到的。眼看着父亲和继母幼弟都被赶出京城，她心急如焚，再也坐不住了，于是想出了一个大胆的主意，她要向公公赵挺之上诗救父，也就是向公公赵挺之求情，央求他对自己的父亲施以援手。

关于李清照上诗救父的事，史料上是有记载的。南宋人张琰在给李格非《洛阳名园记》作序时写道："女适赵相挺之子，亦能诗。上赵相救其父云'何况人间父子情'，识者哀之。"

全诗没有保留下来，单从张琰文中所说的这个句子来看，李清照给公公所上的诗走的是动之以情的路线，希望他能够看在儿女亲家的情分上，看在自己对父亲的一片孝心上，对自己的父亲李格非网开一面。"何况人间父子情"，写得多么的哀婉动人，哪怕是不相干的人读了，都为之恻然流涕。

那么这首诗打动了赵挺之吗？

赵挺之这个人，和王安石一样也是属于颇有争议的一类人。一方面，他本人才干出众，善于审时度势，因此频频被委以重任，在官场上升迁得很快。另一方面，他个人的品行常常被攻击，苏轼就很瞧不上他，《宋史》上曾有明确记载：

挺之在德州，希意行市易法。黄庭坚监德安镇，谓镇小民贫，不堪诛求。及召试，苏轼曰："挺之聚敛小人，学行无取，岂堪此选？"

在苏轼的眼中，赵挺之就是个只知道搜刮聚敛民脂民膏的小人，学问和道德都一无可取之处。

受苏轼的影响，苏门弟子大多也对赵挺之十分不屑。"苏门六学士"之一的陈师道，恰好和赵挺之是连襟。陈师道家中贫穷，有一次他要参加一次隆重的祭祀活动，正逢天寒地冻，需要一件保暖的皮衣才能御寒，可他家里穷得连件皮衣也买不起。陈师道的妻子无奈，只得向姐姐——也就是赵挺之的夫人求助。姐姐慷慨地借给她一件赵挺之的皮衣，结果皮衣一拿回家，陈师道得知皮衣是赵挺之的，就犯起驴脾气来，宁愿冻死也不愿穿。结果那天太冷，他受了严重的风寒，最终不治身亡。

因为这件事，陈师道成了饿死也不受嗟来之食、冻死也不穿政敌皮衣的典范，时人都称赞他有高风亮节。

可从中也可以看出，赵挺之当时的名声之臭，在这个故事里，他完全是被当成反面人物来塑造的。

苏轼和陈师道之所以如此反感赵挺之，政见不和是一个原因，更大的原因可能在于他们不是同一类人，互相都看不上对方。苏轼一系都是文人，而赵挺之是个政客，文人憎恶政客的圆滑，政客也讨厌文人的迂腐。

赵挺之的人品如果真的像苏轼评价的那样恶劣，李格非应该也不会将女儿嫁给他儿子了，只能说双方立场不同。

身为一个出色的政客，赵挺之具有政客的典型特征，在官场上，他左右逢源，在党争中，他冷酷无情。对于他来说，政治利益是高于一切的，如果没有威胁到他的利益，他当然可以和李格非和睦相处，但一旦涉及政治斗争，他就不会考虑什么儿女亲家的情分了。李格非被逐出京时，正好他青云直上，他绝不会为了亲家的去留，来冒断送自己前途的风险。

这样的举动，于理说得通，于情却未免太过冷酷了。公公的不加援手彻底惊醒了李清照，她这才意识到，自己之前的想法真是太单纯了，任她写出如何令人动情的诗句来，都打动不了公公。

赵挺之的铁石心肠彻底激怒了李清照。如果说这之前她还只是悲哀的话，现在的情绪则变成了悲愤。她并没有因赵挺之的拒绝而沉默，而是在不久之后，又写了首诗给他。全诗已佚，南宋人晁公武在《郡斋读书志》中记载了一个残句："其舅正夫相徽宗朝，李氏尝献诗云：'炙手可热心可寒'。"

第一次献诗时，她对赵挺之还抱有一丝幻想，到了这次献诗时，幻想已经完全破灭了。"炙手可热心可寒"，能写出这样的诗句来，显然已经不是为了央求，而是为了向赵挺之表达自己的愤怒：你权倾天下，炙手可热，所作所为却如此冷酷，让身为儿媳的我心寒到了极点！

事已至此，她的愤怒，已经于事无补，可她就是要将这怒火宣泄出来，甚至不惜借诗来讥讽公公。她的这种举动，也许不够成熟圆滑，显得太过棱角分明，却也正是她最可爱的地方。

如果畏畏缩缩、明哲保身，那就不是李清照了。这种敢爱敢恨的鲜明个性，这份不畏权威的胆略和气魄，让她不同于一般的柔弱女子，成为了独一无二的李清照。

李清照在上诗之前有没有和夫君商量过，这点史书上没有记载。按照常理推测，如果没有赵明诚的默许甚至鼓励，她可能也不会做出如此大胆之举。

赵明诚和父亲赵挺之在精神气质上显然并不相似，他对仕宦没太大的野心，出仕对于他来说只是份工作而已，文物收藏才是他为之献出一生的真正事业。在派系斗争中，他不可能公开站出来反对父亲，但他的情志兴趣，显然是和赵挺之背道而驰的。

赵明城仰慕苏轼一门的文采风流，从小就非常喜欢搜集苏轼、黄庭坚的字画诗文。崇宁年间，苏轼的诗文一度成为禁书，朝廷曾下令销毁苏轼、苏辙以及秦观、黄庭坚等苏门弟子的诗文集，凡是苏轼题写的碑文石刻，也下令全部销毁。即便如此，赵明诚仍然偷偷收集苏轼等人的作品，哪怕只有片语只言，也会细心收藏。

因为这个缘故，那位宁愿冻死也不穿他父亲皮衣的姨父陈师道很喜欢他，有时还特意为他提供碑文石刻的线索，也是因为这个缘故，他的父亲赵挺之很不高兴，为此不太喜欢他。

赵明诚失欢于父，除了爱搜集苏黄诗文外，很有可能还因为他对新婚妻子的维护。李清照斗胆向赵挺之上诗，并在诗中对他有所讽谕，怕早就因直言放肆而不讨公公欢心了。关键时刻，夫君虽不便为她直接出面顶撞父亲，却通过搜集苏黄诗文表明了自己和她才是一条心，这对于赵挺之来说，几乎就是无声的抗议。

公公不愿施加援手让李清照寒透了心，夫君赵明诚的举动却无异于雪中送炭，给了她精神上的支持。

直到崇宁五年（1106年），政局才慢慢扭转。这年正月，西方出现了彗星，久久不去，这在古人看来是不祥之兆。徽宗大为惶恐，认为这是上天在责怪自己，立刻下令毁掉立于朝堂之上的元祐党人碑，并大赦天下，免除了一切党人之禁。许多遭贬谪的苏门弟子被重新起用，如李清照的老师晁补之，她与之唱和的师叔张耒等，应该也包括她的父亲李格非。史书上关于李格非的下落没有明确记载，只记录了他在大观二年（1108年）曾陪人同游济南佛慧山，由此推测他晚年可能返回山东原籍居住了。据宋史记载，他享年约为六十一岁。

一波未平，一波又起，没过多久李清照和赵明诚又被卷入了纷争。这回出事的是赵家。赵挺之和蔡京曾沆瀣一气，携手将旧党一派悉数赶出京城，当共同的敌人没办法再产生威胁时，他们之间的矛盾开始变得越来越尖锐。赵挺之并不甘心处于蔡京之下，一度与蔡京争雄，在徽宗面前历数其罪状，因天降彗星，一向对蔡京言对计从的徽宗居然真的罢免了这位"奸相"，改用赵挺之为相。

官场斗争是很险恶的，不到一年后，蔡京因其党羽施以援手，很快返回朝廷，重新担任宰相。赵挺之被迫辞官，他没有熬过这次打击，罢相五天后，就因病一命归西了，终年六十八岁。

覆巢之下，焉有完卵。赵挺之这棵大树倒了之后，他的子女们陷入了无所依傍的境地。蔡京故意罗织罪名，诬陷赵挺之，说他是元祐宰相刘挚推荐的，理应归入元祐一党，徽宗听信他的话，剥夺了赐给赵挺之的谥号。对赵挺之的亲朋故旧，蔡京更是如秋风扫落叶般毫不留情，抄家的抄家，罢官的罢官。赵明诚兄弟三人全被投入监狱，后因有人替他们说情才洗清冤屈出狱。但京官是当不下去了，兄弟仨全被罢免官职，遣送回山东青州闲居。

李清照自然也随夫回青州居住了，这一住，就是十四年。从那以后，她再也没有返回过汴京，那时她可能还想不到，这座曾和她同呼吸、共成长的繁荣城市，将会在一夕之间毁于铁蹄之下。元宵观灯、御苑赏花，这样的繁华热闹已成过眼云烟，只有在梦中才会出现了。

赌书消得泼茶香

塞翁失马，焉知非福。青州十余年，是赵明诚仕途上最消沉、最不顺利的十余年，却也是他和李清照夫妻间最安逸、最为相得的一段时光。

田园归隐一直是文人们的梦想。宋人对隐逸文化的推崇是相当突出的，归隐文人的"开山之祖"陶渊明的地位就是在宋朝大为提升，多少文人虽身在官场，向往的却是陶渊明笔下那个落英缤纷、芳草鲜美、黄发垂髫并怡然自乐的桃花源。苏轼、辛弃疾都对这位不为五斗米而折腰的东晋诗人相当崇拜，苏轼被贬到海南后，终日以陶诗自遣，还一口气写了许多和陶诗。

北宋初年，有一位很有名的隐士叫林逋，他四十余岁后隐居西湖，结庐孤山，终身不仕，以梅为妻，以鹤为子，可以说是风雅到了极致，成为很多人追慕的偶像。

宋人对理想生活的追求可以用两个字来概括——清雅。要想获得这样的生活，一得清闲，二得高雅。"梅妻鹤子"的林逋只有在宋朝才会备受推崇，若是他生活在唐朝的话，估计不会有这么大的名声。唐人喜欢的是鲜花着锦、烈火烹油式的热闹富贵，宋人追求的却是清逸优雅。《事文类聚》中曾记载这样一则佚事：宋代学士陶谷得到了党太尉的家姬，有一次在家中用银铫煮雪的时候，陶谷问她："党太尉家有这样清逸的生活吗？"家姬回答说："他怎么会有这种品位呢，他只知道坐在金帐里，粗豪地喝酒唱歌罢了。"

如此看来，赵明诚被罢免官职、遣回青州倒不算是件特别坏的事情。青州这个地方远离政治中心，刚好可以让这对小夫妻远离官场上的是是非非，潜心一志，去完成他们想做的事。他们退居青州后，用李清照的原话来说，"虽处忧患困穷，而志不屈"，这个"忧患困穷"指的是赵明诚仕途上的失意，但这份失意一点儿也没改变他们夫妻俩做人的品格和志气。

屏居乡里，对于那些一心要在官场上进取的政客们来说可能难以忍受，可对于无意仕宦、恬淡自守的赵明诚夫妻来说却是适得其所。这十余年间他们是过得很惬意的，一方面，赵明诚做了一段时间的官，赵挺之也留下了一笔家产，这使他们"仰取俯拾、衣食有余"，可以肆意地搜集购买喜欢的字帖画作，不再需要典衣换物；另一方面，罢去官职后的赵明诚有了大量的空闲，也无需再担心被卷入政治风波，心情较为悠闲，可以陪妻子一同吟诗作词，品鉴文物，过上了同时代不少人羡慕之极的隐逸生活。

赵明诚和李清照对感官声色之类的物质享受没有太大兴趣。为支持夫君的收集工作，李清照"食去重肉，衣去重采，首无明珠、翠羽之饰，室无涂金、刺绣之具"，生活上甘于朴素，收集起书籍文物来却愿意倾其所有，只要碰到市面上难得的孤本善本，总会毫不犹豫地购买回来。赵家最爱搜集《周易》《左氏传》，因此这两种书的版本最全。

这样的支持对赵明诚来说是难能可贵的。古时的女子需倚仗丈夫为生，很多人的心愿是丈夫有朝一日能够飞黄腾达，因为她们的命运和丈夫绑在了一起，一荣俱荣，一损俱损。李清照却不一样，她并无"望夫成龙"的志向，而是真正理解夫君的志趣，充分支持夫君的爱好，在夫君处于低谷的时候，她用她的柔情和谅解，一点点抚平了他的失意。

受父辈影响，李清照自小就仰慕陶渊明，她的老师晁补之退居乡里时曾自号"归来子"，并撰文说："读陶潜《归去来辞》，觉己不似而愿师之。买田故缙城，自谓归来子。庐舍登览游息之地，一户一牖，皆欲致归去来之意。"也许是从中得到了灵感，当李清照和赵明诚隐居青州时，也将所住的居所命名为"归来堂"。她还给自己取了个雅号叫"易安居士"，同样化用于陶渊明《归去来兮辞》中的名句："倚南窗以寄傲，审容膝之易安。"意思是居室虽小，也足以安顿身心，寄托情怀。"易安"二字，足以表达她不慕荣利、恬淡自守的高洁情操。

这个远离京城的归来堂，被他们营造成了一方小小的乐土。关于这段生活，李清照在《金石录后序》中有过详细的描述，那时，他们每购买到一本珍贵的书籍，就会一起订正校勘，整理成集。如果所得的是画作或者鼎器，就会一同抚摩把玩，还会不时指出其中的瑕疵。他们每每白天把玩一整天还不尽兴，到了晚上还得点起蜡烛继续赏看，舍不得去睡，怕太过贪恋只好定下规矩，"夜尽一烛为率"，规定等一根蜡烛燃完了就必须去休息。如此恋恋不舍，可见鉴赏文物给他们带来的乐趣真是无穷的。

李清照自幼好赌，自称于赌博之术无一不精，婚后，她将这种争强好胜的精神带到了他们的婚姻生活中，于是就有了归来堂中这烹茶赌书的一幕："每饭罢，坐归来堂，烹茶，指堆积书史，言某事在某书某卷第几页第几行，以中否角胜负，为饮茶先后。中即举杯大笑，至茶倾覆怀中，反不得饮而起。"

他们饭后煮茶，常指着成堆的书籍，看谁能够说出某一件事在某一本书的第几卷、第几页、第几行，说中的就奖一杯茶。李清照记忆力超人，是以常常在这场比拼记忆力的角斗中轻松胜出。每当这时，她就得意地举起手中的茶杯大笑，由于笑得难以自抑，结果将茶杯打翻了，茶没喝到，反而泼了一身的茶水。尽管如此，她心中的得意却没有减少半分。

这一幕因其精彩生动，成了文学史上为人称道的经典场景，引得无数后来者的称许和效仿。清代纳兰容若就曾在悼亡词中用过这个典故：

谁念西风独自凉，萧萧黄叶闭疏窗。沉思往事立残阳。

被酒莫惊春睡重，赌书消得泼茶香。当时只道是寻常。

"赌书消得泼茶香"，正是对昔日李清照和赵明诚归来堂中那一幕的场景重现，可见自那之后，不少才子佳人就学着他们

那样，纷纷在家中烹茶赌书。直到现代，钱钟书和杨绛闲居家
中时，也常常赌书煮茶，只是他们赌的是谁记的诗句多，煮的
茶则是英伦风味的立顿红茶。

青州十年，可以算是上天对李清照夫妻曾受波折的补偿。
这十年间，他们的文物搜集事业达到了顶峰。家中收集的文
物，品类从铜鼎碑刻到书籍字画，时间跨度从上古周朝到隋
唐五代，称得上无一不备，无所不有。他们将所得文物分门
别类，登记造册，家中所得书画碑帖堆满了床边案头，两人
意会心谋，目往神授，这样的趣味，自然是"乐在声色狗马
之上"了。

赵明诚致力于此，并不仅仅是为了一己之欲，"非特区区
为玩好之具而已"，而是为了"传诸后世好古博雅之士，其必
有补焉"，也就是尽力以自己的搜集整理，来填补古玩文物史
上记载的不足。

出于这一目的，他在搜集文物的同时开始撰写《金石
录》，这部堪称伟大的金石学著作基本是在青州完成的，此书
共三十卷，记载了他所藏金石拓本二千多种，比前辈欧阳修所
著的《集古录》规模更大，也更具史学价值。

《金石录》的撰写，隐隐也可见李清照的功劳。史载她曾
经"笔削其间"，也就是曾为夫君的著作润色。有了她的生花

妙笔，这部文物著作自然会增色不少。甚至可以推测，以李清照之才，或许不仅仅只是润色，这部文物史上的皇皇巨著，有可能是他们夫妻共同协力完成的。

得妻如此，夫复何求。可以想见，闲居家中的赵明诚，对于这样的知己良伴，该是多么感激。李清照三十一岁那年，也是他们退居青州的第七年，赵明诚在她的一幅画像上题词说："清丽其词，端庄其品，归去来兮，真堪偕隐。"

这是李清照唯一传世的一张画像，画中人形容消瘦，风度娴雅，手持一枝菊花，状似沉思。有学者曾以画中人所着不像是宋朝人的衣装质疑此画为伪作，但画上的题词应该是赵明诚的心声，一字一句，都是发自内心的赞叹和欣赏。林逋以梅为妻，以鹤为子，听起来虽风雅，总觉得太过冷清，哪里比得上赵明诚这样，能和知己兼妻子一同偕隐呢。

从晋时开始，文人们一直幻想着能找到一方精神上的桃花源，但很少有人能得偿所愿。幸运的是，李清照和赵明诚一度美梦成真了，青州的归来堂，对于他们来说就是那方桃花源。在这里，他们远离纷扰，成了一对人人称羡的神仙眷属。

多年以后，回想起这段岁月，李清照仍眷恋不已，说自己"甘心老是乡矣"。她多么希望，能在这归来堂中和意中人一起终老。

然而这注定是一种奢望。当他们在归来堂中烹茶赌书、燃烛赏画时，浑然不知属于他们的那个世界正在一步步地走向分崩离析。外面风雨琳琅，归来堂里却是一派与世隔绝的宁静。风声雨声，那时候隔得还远，尚不足以扰乱他们的好梦。

在李清照多舛的一生中，青州十年是上天赐予她的馈赠。但再好的梦，总有被惊破的那一天，在此之前，且让他们在梦中多停留一会儿吧。就如曹植在乐府诗中所写："来日大难，口燥唇干；今日相乐，皆当喜欢。"

纳妾疑云

在很多人的认知中，李清照和赵明诚这对夫妻似乎一直都琴瑟相和，如胶似漆。事实上，他们的婚姻就像一只精美的瓷瓶，远看毫无瑕疵，走近了，才会发现瓶身上存在着细微的裂痕。

第一道裂痕源自于所谓的纳妾疑云。

宋人是出了名的喜欢享受声色之乐，欧阳修家中"有歌妓八九妹"，苏轼家中有妻有妾，还有"歌舞妓数人"，晏殊家中天天歌舞升平，公子晏儿道整天和莲、鸿、苹、云这几个歌女们耳鬓厮磨。

游冶青楼、流连烟花之地对于宋人来说更属平常，柳永就不用说了，他的身后事都是歌伎们凑钱给他料理的。苏轼的红颜知己朝云，自幼沦落在歌舞班中，两人相识时她正是西湖名妓，苏轼爱其才貌，才纳为侍妾。连堂堂皇帝宋徽宗，也曾拜倒在京城名妓李师师的石榴裙下。世风如此，很难保证赵明诚在外应酬时，不会学其他人那样偎红倚翠。

关于赵明诚纳妾的猜测，实际上并无确凿的证据，学者们只能从李清照的作品中寻找蛛丝马迹。

比如《凤凰台上忆吹箫》中的"念武陵人远，烟锁秦楼"，此处武陵人的典故，就被人解读成赵明诚也像神话中的刘晨、阮肇一样，遇上了其他宛若天仙化人的女子，于是乐而忘返，忘记了回家的路。

如"酒意诗情谁与共？泪融残粉花钿重"，当年和她共醉的那个人已经远行，联想到昔日的恩爱，不知不觉间泪水融化了脸上的残粉。

还有"春到长门春草青"之句，更是让人以为她把自己所居之地，比成了汉朝阿娇的冷宫，可见她所受的冷落。

…………

但同一首词有时会有截然相反的解读，比如"春到长门春草青"有人认为就是借用前人诗句，全诗基调明朗，并不是抒写被冷落的哀怨。

更确切的佐证可能来自于李清照撰写的《金石录后序》，《金石录后序》中她提到赵明诚去世前，"殊无分香卖履之意"。"分香卖履"，出自曹操的遗言："余香可分与诸夫人，不命祭。诸舍中无所为，可学作组履卖也。"曹操是个风流多情之人，生前广蓄姬妾，并特意修建了铜雀台给她们居住。去世之前，他给妻妾们留下了一道遗言，意思是自己死了之后，宫中留下的香料可以分给众妾，姬妾们若没什么事的话，可以学着做做鞋养活自己。

李清照在这里反用"分香卖履"之意，也就是说赵明诚临终之时，并没有像曹操那样对身后妻妾们的生活做出安排。这无疑透露了一个信息，即赵明诚去世之时，身边并不只有她一个女人，他生前很可能已有侍妾。

总体来说，以上都纯属推测，也就是说，并没有"实锤"可以证明赵明诚的确纳了妾。但至少可以肯定的是，如果真有这么一个小妾，她的存在感也极其微弱，微弱到可以忽略，完全不足以撼动李清照正妻的地位。在赵明诚生前，她独享了丈夫的宠爱和尊重；在赵明诚身后，她又继承了他的财产和遗志。

那么为何李清照有些词作中出现了明显的寂寥之感，而且在《金石录后序》中追述赵明诚临终情状时也表达了微妙的不满呢？

古往今来，婚姻的过程并不是一帆风顺的，而是有恩爱也有争吵，有火热也有冷漠。中年时期的李清照和赵明诚，已经走过了你侬我侬的甜蜜期，告别了相敬如宾的平淡期，也会偶尔有相看两厌的倦怠期。

在当时的社会，赵明诚的世界比李清照要大得多，他喜欢外出游玩、搜集文物，仅仅在青州期间，即五游仰天山、三访灵岩寺、一过泰山顶。在屏居青州后期，赵家三兄弟先后出仕，赵明诚大约在宣和二年七月被重新起用，任命为莱州（今山东掖县）郡守。也许是急于赴任，也许是想先过去安顿，他急匆匆地先去了莱州，李清照是翌年才去与他团聚的，中间两人有过一次较长的分别。

寻常女子常常在婚姻中感到孤独，感到无助，而李清照是个才女，才女的感情往往较一般女子细腻深沉，其情感需求也比一般女子要强烈得多，这种婚姻中的孤独感肯定会更加深重。这就不难理解，李清照中年的词作中，为何出现了那么多包含着怨意的词句。

何况他们的婚姻还有第二道裂痕。这道裂痕比第一道疑似的裂痕要深得多，杀伤力也要大得多，那就是"无子"。

这可能是他们婚姻生活中莫大的遗憾了，李清照和赵明诚结婚已二十年了，却一直无后。关于这一点，南宋洪适《隶释》中提到过"赵君无嗣"，无独有偶，南宋翟耆年也在其著作《籀史》中提到，赵明诚收藏丰富，可惜没有子嗣能够继承，"无子能保其遗余，每为之叹息也"。

古人有句话说，"不孝有三，无后为大"，在那样的年代，女人如果没有生育孩子，会被看作犯了"七出"之一，是有可能被休回娘家的。像李清照这样的才女，也逃不脱这样的桎梏。

可想而知，李清照承受了多大的压力。这种压力她只能独自一人承担，曾经最亲密的丈夫，也无法分担她的焦虑。

很多人的婚姻都会出现裂痕，当裂痕出现的时候，决绝的人会选择直接放弃，他们的眼里容不下一粒沙子，也容不下丝毫的不完美。聪明的人却会选择修复，李清照就是如此，她偶尔也会抱怨，但绝不会让自己沦为一个怨妇，而是以她的耐心，以她的温柔，一点点地修补着已经产生的裂痕。

李清照毕竟是大家闺秀，与生俱来的教养和骄傲都不允许她直接"河东狮吼"。她有她的长处，那就是以情动人，以柔克刚，她把她婚姻里的孤独和无助，都写进了自己的词里，试图以这些词作为火种，重新点燃夫君对她的激情。

效果还是挺明显的，在她水滴石穿的柔情下，赵明诚很快

就被打动了，他本来就不是一个铁石心肠的人，何况他们之间
还有着异常坚韧的感情纽带。寻常夫妻之间的纽带大多是孩
子，李清照和赵明诚之间的纽带则是他们共同的志趣，这也许
是世上最牢固的纽带了，不会随着时光的流逝而变得脆弱，而
是日益坚固。

李清照对于赵明诚来说，是良伴，是知己，更是事业上得
力的助手，这是其他女子所无法取代的。他也许会一时被酒席
歌宴上那些女孩子婉转的歌喉、娇美的容颜所吸引，可只有志
同道合的妻子，才能和他分享内心真正的快乐，他们拥有一个
共同的精神世界，在那里，没有任何人能够涉足。

至少可以肯定，在镇守莱州的后期，赵明诚已经全身心地
投入于他的金石搜集事业之中，他和妻子的婚姻，也终于熬过
了倦怠期，慢慢恢复了往昔的恩爱。他将莱州的居所命名为
"静治堂"，这里和青州的归来堂一样，成了他和妻子赏玩书
画、撰写著作的场所。

莱州期间，赵明诚有了官俸，这为他搜集碑刻铭石提供了
充足的支持。每日忙完公务之后，他便回到静治堂内，校勘整
理自己所得的文物。李清照在《金石录后序》中回忆这段岁
月说："忆侯（赵明诚）在东莱静治堂，装卷初就，芸签缥带，
束十卷作一帙。每日晚吏散，辄校勘二卷，跋题一卷。此二千

第二章

关于婚姻：是夫妻，也是知己

卷，有题跋者五百二卷耳。"

这些文物书画，他们都细心装裱，每汇成十卷，就用淡青色的丝带束成一帙。许多年以后，当李清照摩挲着这些残留的书卷时，仿佛仍能见到夫君的音容笑貌，嗅到他独有的气息，可惜题跋的人早已不在世间。他们在无微不至地呵护着这些珍贵而脆弱的书籍字画时，哪里会想到，人的生命，远远比文物更为脆弱。

《金石录》一书大致完成于莱州，关于这本著作，时人的评价甚至认为它超过了欧阳修的《集古录》。这本皇皇巨著里凝聚了夫妻二人共同的心血，不知不觉间，李清照在辅助赵明诚的过程中，已经成了当世第一流的金石学家。

宋代的官制是三年一迁，莱州任期满三年后，赵明诚转赴淄州（今山东淄博）担任知州，李清照随行。淄州期间，他们收获了不少珍贵的文物，清人缪荃孙所著的《云自在龛随笔》中就记载了这样一则轶事：

淄州境内有个邢氏村，那里土地平旷，草木葱茏，流水清澈，院落错落有致。一日，作为淄州父母官的赵明诚路过此地，觉得此地风物闲美，似乎是隐士居住的地方。于是便信步走了进去。走访之后才得知，原来这里一个村子的人都姓邢。他无意中造访的那户人家，主人叫邢有嘉，热情有礼，力邀赵明诚进屋做客。

赵明诚走进邢家，只见院落里繁花似锦，好一个世外人家。主人邢有嘉与之倾谈，称许赵明诚是陶渊明诗中的"素心人"，夸他心地质朴单纯，聊得投机了，就拿出家藏之宝《楞严经》和赵明诚分享，这是一部由唐朝诗人白居易手书的《楞严经》，共一百篇，三百九十七行。

赵明诚见到白居易的手迹，不禁欣喜若狂。当即在征得主人的同意后，带着这部《楞严经》，快马扬鞭，飞奔回家，只为了急着要"与细君共赏"。

细君是妻子的别称，赵明诚这么迫切地想要和她共同观赏，是因为只有李清照是他"平生仅有之同志"。陶渊明诗中曾说，读书人最大的快乐莫过于"奇文共欣赏，疑义相与析"，而对于喜获《楞严经》的赵明诚来说，无意中见到了这样的稀世珍宝，能够和他共享其乐的最佳人选，自然是李清照了。

一旦有懂得的人与之分享，快乐便在无形中加倍了。赵明诚打马飞奔回家后，马上唤来李清照一同细细观赏这幅手卷，相对展玩，狂喜不已。此时夜静更深，不知不觉已到二更天了，两人仍然兴致勃勃，一边饮酒一边赏书。酒喝多了很渴，便沏了龙凤团茶来喝，直到燃尽了两支蜡烛，依然意犹未尽，舍不得入睡。

赵明诚对这段经历念念不忘，便在为白居易手书的《楞严经》题跋时将之写了进去。于是，这段夫妇共赏的佚事，便伴随着唐代伟大诗人的手迹一同流传了下来，前者的珍贵并不亚于后者，至少它能够让我们对这对伉俪的风雅生活有了更深入的了解。

没有人的婚姻是完美的，哪怕是被称为神仙眷侣的李清照与赵明诚也是如此，但是结合当时的时代背景来看，他们的婚姻是相对美满的，至于十全十美的婚姻，恐怕只存在于文人的想象之中。

生香薰袖，活火分茶，对于南渡之前的李清照来说，那是再寻常不过的事了。只有等一切都时过境迁之后，她才恍然大悟，惊觉当年习以为常的生活，原来是何等的奢侈精致。

那时他们还不知道，这样奢侈精致的生活，很快就会葬于金兵的铁蹄之下，一同埋葬的，还有那个用玉水注、黄金碾、细绢筛、兔毫盏来喝龙凤团茶的北宋王朝。

第三章

关于生活：

宋词一样的精致生活

雅事：一个人的东京梦华录

《知否知否应是绿肥红瘦》《清平乐》《梦华录》等以宋朝为背景的电视剧大火，让宋朝被冠上了"生活最具艺术感的朝代"的头衔。点茶、投壶、插花、焚香、对弈、书法、抚琴等都是宋朝人经常进行的娱乐活动，可以看出宋人的生活追求雅致、意境。

要想了解宋人的生活美学，《漱玉词》可能比《梦华录》更有参考价值，宋人的美学追求，用两个字来概括就是"闲雅"，也就是苏轼所说的"人间有味是清欢"。所谓闲雅，一要清闲，二要高雅，而作为北宋的名媛代表，李清照的生活恰恰将闲雅二字发挥到了极致，她最不缺的就是时间和品位。

她的生活不尚声色，处处流露着一种文人雅趣，踏雪寻梅、东篱把酒、枕上闲读都是她常做的事，这些充满闲情逸致的生活场景融入词中，颇具情调："枕上诗书闲处好，门前风景雨来佳"（《摊破浣溪沙·病起萧萧两鬓华》）、"明窗小酌，暗灯清话，最好留连处"（《青玉案·用黄山谷韵》）、"当年曾胜赏，生香薰袖，活火分茶"（《转调满庭芳·芳草池塘》）。

李清照与赵明诚结缡那年，正值宋徽宗为帝，他们的黄金时代可以说是和徽宗朝的兴亡同频共振的。

徽宗名赵佶，"轻佻"是历史书写者对他共有的评价。这个后来亡了北宋江山的帝王，是政治上的失败者，却是文化上的胜利者。他面貌清癯，风采超群，诗词、歌赋、书画、吹弹等无一不精，是少有的艺术上的天才和全才。书法方面，他自创一手"瘦金体"，瘦劲爽利，侧锋如兰竹；绘画方面，他最工花鸟，富丽精工，人称"院体"；他还创立了翰林书画院，还曾亲自出题，令画家们以"踏花归去马蹄香"为题作画。

在这位才子皇帝的推波助澜下，有宋一代的文化越发朝着精致典丽一路发展。徽宗是个典型的享乐派皇帝，凡是公子哥儿们喜欢的风流雅事他没有不喜欢的，甚至喜欢到了痴迷的程度。艺术造诣极高的他可谓是将江南园林搬到北方的第一人，为了建造皇家园林艮岳，徽宗在苏州设置了一个叫应奉局的机构，专门在江浙一带搜罗奇花异木，嶙峋美石。花石到手后，多经水路运河，千里迢迢运往京城汴京，十船一组称一"纲"，这就是著名的"花石纲"。

上有所好，下必甚焉。徽宗在位期间，北宋士大夫圈子中那种醉心文艺、沉迷于宴饮享乐的风气达到了极致。潮流如此，李清照和赵明诚也难免被卷入其中，他们对金石碑刻的痴迷之深，对诗酒琴书的喜爱之极，对郊游雅会的兴致之浓，都拜时代风尚之所赐。

宋人的生活中，充满四时应景雅事，《梦粱录》所称"烧香、点茶、挂画、插花，四般闲事"即细致展现了当时人对生活美感的追求，涵盖嗅觉、味觉、视觉等多方面，千百年后，仍然引人向往。

这些正是李清照的日常，宋人爱薰香，她更是须臾不能离开此物，睡前要焚香，醒来要焚香，孤独时要焚香，失意时更要焚香。香有千万种，在她词中出现最频繁的还是瑞脑香，"薄雾浓云愁永昼，瑞脑销金兽""瑞脑香消魂梦断，辟寒金小髻鬟松"。瑞脑香也就是我们俗称的龙脑香，又称冰片，大约于隋代传入中国，极为珍贵，能薰得起这种香，李清照生活的优裕可想而知。

此外，她还喜欢沈水香，也就是沉香，"淡荡春光寒食天，玉炉沈水袅残烟""沈香断续玉炉寒，伴我情怀如水""沈水卧时烧，香消酒未消"，沈水香是一种昂贵的香料，芳香的脂膏凝结为块，置水则沉，故名沈水香。

香已经成为她生命中一种不可或缺的事物，不管处于何种境地，她都习惯焚一炉香，在那缥缈的香气之中，暂时忘却现实的烦恼，遁入到往昔的回忆之中，即使偶有惆怅，那也是甜蜜的惆怅。

除了烧香外，点茶也是宋人生活中的头等大事，中国的茶文化到宋代时达到鼎盛，宋徽宗亲自写了《大观茶论》，老百姓也爱喝茶，《清明上河图》中的店铺前即摆有许多茶桌子，宋朝人日常都爱品茶、煎茶、点茶、斗茶，以至于涌现出了精彩纷呈的茶百戏。

李清照在《鹧鸪天·寒日萧萧上琐窗》中写有"酒阑更喜团茶苦"一句，意思是说喝完酒之后，更喜欢团茶的浓酽苦味。可别因为一个苦字，就小觑了这团茶，小龙团可是天下至珍之物，凡二十饼重一斤，一饼价值黄金二两，宋仁宗极其喜爱，一般都是自己品尝，只有少数时候会赏赐给中书门下的一二品大员些许。苏轼年轻时最喜欢"以雪水烹小团茶，使美人歌以饮"，雪水烹小团茶，再佐以美人的歌声，这是风流到了极致的宋式浪漫。据说赵明诚得到了白居易手写的《楞严经》后，马上骑马飞奔回家，和夫人一起烹小龙团，奇文共欣赏，佳茗似佳人，风流浪漫更在师祖苏轼之上。

李清照还擅长分茶，在《转调满庭芳·芳草池塘》之中就写道："当年曾胜赏，生香熏袖，活火分茶。"所谓"分茶"，钱钟书先生在其收集编撰的《宋诗选注》中提到："分茶是宋代流行的一种茶道。"分茶在宋朝人眼里是一种意境，是一种品茶之道，分茶的具体做法是先将茶叶碾碎成茶末，接着在茶末之中注入沸水形成茶汤，再使用茶筅击拂茶汤，最后就是分茶技艺的最高体现，即在茶汤表面通过高超的手艺变幻出各种图案，也就是传说中的茶丹青。

李清照十分聪慧，但她生性怕麻烦，未必会花心思去学那么多花样，可她自有独到之处，就是和赵明诚"行茶令"，自古以来只有酒令，她却别出心裁地和夫君品茶行令，谁胜了谁就先饮茶一杯，这种情趣，是独一份的，只有饱读诗书的她才想得出来。

宋朝人喝茶需要一整套茶具，包括茶焙、茶笼、茶碾、茶罗、茶盏、茶匙、茶瓶等二十八种茶器，李清照的《小重山·春到长门春草青》之中写道"碧云笼碾玉成尘。留晓梦，惊破一瓯春"，其中"碧云笼"是指蒸茶用的工具，接着后面"碾玉成尘"，是指点茶的第一个步骤"碾茶"，因为茶叶是"饼状"，不可能全部吃了，所以先从茶饼上取一小块，用碧云笼蒸熟之后再进行"碾茶"，这时就会用到"茶碾"，碾碎后的茶末如琼粉玉屑，加水煎之，水沸如松涛之声，阵阵清香袭人。

整个过程十分烦琐，点好一盏茶少说也得半个时辰。但李清照显然非常享受这个烹茶的过程，而且将之写得十分富有美感，这正是闲出来的雅趣。

至于挂画、插花，李清照更是此中高手，她和赵明诚悉心收集的那些文物中，其中不乏名家画作。李清照本人也会画画，清人俞正燮《癸巳类稿》中有这样的记载："易安能诗、词、文、四六，又能画。明人陈查良藏有易安画琵琶图，莫廷韩买得易安画墨竹一幅。"由此不难想见，李清照画画原也有传，而且她不光能作墨竹一类的墨戏，而且可能也会画造型比较严谨的人物画，如《琵琶图》很可能就是画出了白居易《琵琶行》的诗意。

此外，她还通音律，尤其擅长弹琴，词中不止一次出现过弹奏乐器的场景。比如"理罢笙簧，却对菱花淡淡妆"，再如"重帘未卷影沉沉。倚楼无语理瑶琴"，看来她精通的乐器还不止一样。现在都说跨界，李清照就是这样一位精通十八般才艺的跨界才女，一部《漱玉词》，只不过是她艺术化生活的部分结晶罢了。

清代陈廷焯称赞李清照"精秀特绝，真不食人间烟火者"，词是最精致的文体，精秀特绝则是早期易安词最显著的特点。李清照最工修辞，词中通过种种精美的意象，展现了她宋词一般的精致生活。雅也就是精致，李清照其人其词处处都贯彻着这种精致美学。

富贵气象从来不是镂金刻玉就可以堆砌出来的。相传，宋初名相晏殊在看了李庆孙《富贵曲》中那句"轴装曲谱金书字，树记花名玉篆牌"后，很不以为意地评价说，这是"乞儿相"，写这诗的人一定不懂得什么是真正的富贵。

那晏殊眼里真正的富贵是什么呢？他认为重在气象，如他自己词中所写的"梨花院落溶溶月，柳絮池塘淡淡风"。可见富贵气象，一是闲，二是雅。

李清照的词，就是天生一派富贵气象。词中出现的意象，如残烟袅袅的香炉、做工精美的山枕，以及被细雨打湿的秋千架，无一处不雅致，无一处不考究，可以想见，生活在这样环境中的女孩，平常过着怎样悠闲高雅的生活。很多人这么喜欢《漱玉词》，可能也是向往这种宋词一样的精致生活吧。

李清照的词常常可以当成风物志来看，从中可以看到宋时的风物习俗，尤其是她早期的词，联缀起来俨然就是一部琳琅满目的"东京风物志"。生活在东京这样的花柳繁华地、温柔富贵乡，李清照有幸目睹过北宋王朝最后的荣光。这是乱世中的盛世，红日将坠，人们浑然不觉，依然沉醉于舞榭歌台，清歌曼舞唱不休，美酒佳酿杯莫停。这些沉醉的人中就有李清照，她和同时代的人一道，见证了无限的美，见证了"夕阳无限好，只是近黄昏"，也见证了照耀着那个时代的斜阳缓缓坠下。

那是她一生中的流金岁月，她吟诗、填词，和闺中密友们一起出游、逛街、观赏花灯，走遍了东京的名胜之地。

也许要到多年以后，她才蓦然醒悟，意识到那只不过是一个王朝的回光返照而已。可在当时，她是如此快乐，快乐得没有时间去感伤。她最青春的年华，恰逢这个朝代最繁华的时期，两者交织在一起，互相辉映，让每一个日子都镀上了金光。

李清照少女时就喜爱游山玩水，曾和伙伴们畅游溪亭、莲湖，出嫁之后，有了意中人的陪伴，自然更要肆意出游一番了。北宋园林盛极一时，李清照父亲李格非所作的《洛阳名园记》中，就列出了二十一处园林。汴京作为四京之首，更是拥有数不清的名园胜迹，其中金明池、琼林馆就是最为闻名的皇家园林。

大约在新婚一周年的时候，李清照曾和赵明诚有过一次绮陌游赏，足迹遍布郊外名胜之地：

禁幄低张，彤阑巧护，就中独占残春。容华淡伫，绰约俱见天真。待得群花过后，一番风露晓妆新。娇娆艳态，妒风笑月，长殢东君。

东城边，南陌上，正日烘池馆，竞走香轮。绮筵散日，谁人可继芳尘。更好明光宫殿，几枝先近日边匀。金尊倒，拼了尽烛，不管黄昏。

此词结构新奇，上片写花事，下片写赏况，描述春花盛开之时，东城南陌之处，词人与同游者对花倾觞，自朝至暮直到秉烛而兴致未减的情景。

这首词里，记载的就是汴京人春日郊游的盛况，从中可以了解到当年的风俗。唐宋时候的人是非常热爱郊游的，尤其是春暖花开之时，百姓纷纷到郊外游玩。唐朝开元天宝年间，仕女们常相约做伴，由家人用马车载帐幕、餐具、酒器及食品等，到郊外游宴。游玩到一定的时间，她们便选择适当的地方，以草地为席，四周插上竹竿，再将裙子连结起来挂于竹竿，便是临时的饮宴幕帐，女子们在其中设宴聚餐，时人称之为"裙幄宴"，相当雅致有趣。

宋代更是将唐朝的这种风俗进一步发展，宋时的清明又称踏青节，清明前二日正好是寒食节，加起来一共放假七日，恰好形成了一个度假的"黄金周"，正是全民踏青的好时节。这点孟元老在《东京梦华录》中有过详细记载："四野如市，往往就芳树之下，或园囿之间，罗列杯盘，互相劝酬。都城之歌儿舞女，遍满园亭，抵暮而归……缓入都门，斜阳御柳；醉归院落，明月梨花……"

同样，在李清照的词中，人们通宵达旦，饮酒赏花，将每一个花开的日子都过出了狂欢的气氛。词中虽未点明所咏之花为何花，但从"就中独占残春"和"绰约俱见天真"等句来看，应该咏叹的是春末时盛开的芍药花。《本草纲目》中说过，"芍药，犹绰约"，在春天的百花中，芍药开得最晚，所以又称为"婪尾春"，婪尾即末尾的意思。

为了尽情观赏这暮春时节最后的名花，爱花的人们先是乘着香车宝马来到郊外。东城边、南陌上，尽日都是赏花看花的游人，车如流水马如龙，享尽了绮筵佳宴。到了薄暮时分，仕女公子们还是不尽兴，于是来到了华美的御花园中，与皇家贵族们一同观赏那彤栏之中的芍药。暮色渐深，为了不辜负这宫中名花的娇娆艳态，人们一边点起了明烛，一边对着芍药倾杯举觞，直喝得玉山倾倒，醉意酩酊，哪管那就要到来的黄昏。

都说易安词喜言愁苦，可结缡前后她所作的词都是欢愉之辞，几乎没有一丝愁苦的情绪，有的只是称心如意、意气风发。这确实是她生命中无比美好的一段时光，宋朝时程朱理学已开始萌芽，万幸她的夫君并不是那种古板迂腐的儒生，而是个性格温润如玉的谦谦君子。他伴她到郊外远足，带她参加亲友间的宴会，当然做得最多的事还是陪她赏花月下，对酒樽前。

花开堪折直须折，莫待无花空折枝。她和她的爱侣诗伴，何尝不知道再美的鲜花终究要萎谢呢。越是如此，他们越要持酒花间，沉醉于名花美酒，透过她那一首首赏花词，我们仿佛听见了她深情的呼唤："真美啊，请为我停留！"

"十五年前花月底，相从曾赋赏花诗。今看花月浑相似，安得情怀似往时。"（《偶成》）很多年以后，当繁华落尽，她用她的笔，追忆往昔盛况，那是属于她一个人的东京梦华录。

花痴：此花不与群花比

宋朝人的一天，是从卖花声中开始的。

每逢春时，万花烂漫，牡丹、芍药、棣棠、木香等种种鲜花相继上市，卖花人用马头竹篮装着一篮篮的春色，叫卖声不绝于耳。年轻的李清照，就曾在卖花担上，买得一枝春欲放，簪在头上与花儿比俏。

生活在这样的环境里，宋朝人都爱花如痴，他们种花、买花、簪花、赏花、插花、惜花，希望人生是一场永不落幕的花事。一代文宗欧阳修曾对着满庭盛开的花儿感叹道："深红浅白宜相间，先后仍须次第栽。我欲四时携酒去，莫教一日不花开。"连豪迈的苏轼也曾有过"只恐夜深花睡去，故烧高烛照红妆"的痴情之举。每当花开时，满城俱是赏花人，有些城市还斥巨资举办万花会："西京牡丹，闻于天下，花盛时，太守作万花会。宴集之所，以花为屏帐，至于梁栋柱栱，悉以竹筒贮水，簪花钉挂，举目皆花也。"（《墨庄漫录》）

且向花间醉，花作有情香。这样的举动，是如此美好，而又如此伤感。宋朝人有种耽溺的情绪，他们总是不由自主地耽溺于美，耽溺于情，耽溺于伤感，对美好的事物总是深陷其中，无法自拔，易谢的鲜花寄托着他们的这种美之耽溺。

身为一个女子，李清照的爱花惜花，更是超过了欧阳修和苏轼。在她流传于世的五十多首词作中，就有三十五首中提到花，她一生中爱花成痴，春天卧看雨后海棠、月下梨花，夏日荡舟误入藕花深处，秋时把酒赏菊，闻桂子飘香，到了冬季，则漫步雪中，赴一场与梅花的约会。

《漱玉词》中处处有花的姿容，花的芬芳，花的魂魄，一场场绚烂花事在她笔下次第盛开：

> 暗淡轻黄体性柔，情疏迹远只香留。何须浅碧深
> 红色，自是花中第一流。——桂花
> 渐秋阑、雪清玉瘦，向人无限依依。似愁凝、汉
> 皋解佩，似泪洒、纨扇题诗。朗月清风，浓烟暗雨，

天教憔悴度芳姿。——白菊

莫道不销魂，帘卷西风，人比黄花瘦。——黄菊

知否，知否，应是绿肥红瘦。——海棠

容华淡伫，绰约俱见天真。待得群花过后，一番

风露晓妆新。——芍药

秋千巷陌，人静皎月初斜，浸梨花。——梨花

红藕香残玉簟秋。——荷花

花是女子写诗作词钟爱的题材，但李清照的特别之处在于
她有一支点铁成金的妙笔，不仅可以描摹出花之形，更能够刻
画出花之魂。寻常可见的花儿一经她的吟咏，顿时流芳千古：
只因一句"误入藕花深处"，她就被奉为了藕花神；从古至今咏
海棠的诗词何其多也，加起来也比不上"绿肥红瘦"四个字；
说到菊花，我们立刻想起的就是"人比黄花瘦"；写芍药的"一
番风露晓妆新"，也相当清新脱俗。以上列举的词句，可能写梨
花的略微弱了点，比不过苏轼的"惆怅东栏一株雪"。

《红楼梦》中宝玉生日时，大观园中诸姐妹一起行花名
签酒令，每个人都抽了一支花签。薛宝钗抽到的是"任是无
情也动人"的牡丹，暗合她艳冠群芳的身份；史湘云抽到的
是"只恐夜深花睡去"的海棠，恰恰她在书中有海棠春睡的一

幕；林黛玉抽到的是芙蓉花，"风露清愁"四个字像是为她量身定做的；探春抽到的是红杏；袭人抽到的是桃花；香菱抽到的是并蒂花；李纨抽到的是老梅；麝月抽到的荼蘼花最伤感——恨只恨韶华胜极，却已是开到荼蘼花事了。

如果让李清照也来抽一支花签，什么花和她最相配呢？是"绿肥红瘦"的海棠，还是"人比黄花瘦"中的菊花？是"容华淡伫，绰约俱见天真"的芍药，还是"何须浅碧深红色，自是花中第一流"的桂花？

可能还是梅花和她最配。在芬芳美丽的花花世界里，李清照特别钟情于梅。她现存五十余首词，竟有十一首写到了梅花。梅以韵胜，以格高，没有什么比梅花更能代表她的风韵和品格。作为一个富有品位的大家闺秀，她喜爱梅之神韵天然，风味不尽；而作为一个"倜傥有丈夫气"的女词人，她更赞赏梅之傲寒独放，抱香枝头。透过词中玉瘦香浓的梅影，一个如梅般孤傲雅洁的词人形象呼之欲出。

花之格即人之格，她笔下的梅花，从来都淡雅高洁，不同凡俗，且看她少女时代写的咏梅词《渔家傲》：

雪里已知春信至，寒梅点缀琼枝腻。香脸半开娇旖旎。当庭际，玉人浴出新妆洗。

造化可能偏有意，故教明月玲珑地。共赏金尊沈绿蚁。莫辞醉，此花不与群花比。

这首词可以看成一首梅的赞歌，全篇用拟人手法，将梅花写得亦花亦人，形神兼备。赏其外形，梅花有一副令人陶醉的"香脸"；状其风韵，她有令人倾倒的"娇旖旎"的情态；赞其品格，梅花有"玉人浴出新妆洗"一般的高雅芳洁，一尘不染。甚至连大自然对梅花也似特别偏爱，"造化可能偏有意，故教明月玲珑地"。赏梅的人更是只欲对梅一醉而后快，只因为梅花那"此花不与群花比"的高标逸韵。这不正是那个"风神气格，冠绝一时"的李清照吗？只有她才有资格睥睨群花，孤标傲世。

清代的谭莹把李清照与李白相提并论："若并诗中论位置，易安居士李青莲。"确实，李白之"天生我材必有用"与李清照之"此花不与群花比"同可看作天才的宣言，这是何等的自信，又是何等的超拔。

在《殢人娇》词中，词人叹惜梅花"玉瘦香浓，檀深雪散"，春日迟迟，"今年恨探梅又晚"。但"南枝可插，更须频剪"，颇有"花开堪折直须折，莫待无花空折枝"（杜秋娘《金缕曲》）之意。对梅花的珍爱体现出对即将流逝的青春时光之深深眷恋，惜花之情与自怜自惜融为一体。

李清照的咏梅词有着深厚的文化底蕴，是宋人独特审美心理深厚积淀下的产物。宋虽继承唐朝文化，宋人的审美观却与前代大不相同。唐人以丰腴艳丽为美，爱咏芍药牡丹；宋人却以清瘦淡雅为美，喜道寒梅霜菊。唐朝是中国封建社会的鼎盛时期，人们自然喜欢托牡丹之"国色天香"来表现对自身文化的高度自信及对盛世的赞美。宋朝却走上了封建王朝的下坡路，国弱势微，处于内忧外患之中，文人们只有借梅花来寄寓自己的孤傲耿介与家仇国恨。是故宋人咏梅成风，据统计，辛弃疾词中有六十五处提到梅花，姜夔也有二十五首词提到梅，陆游的《卜算子》一词更是脍炙人口。这些咏梅词，大都托物言志，寄情于物，热情歌颂梅花的美好品格，显示出伟大人格的力量。"梅格"在不同词人、不同角度的咏梅词中显示出独特的内涵。

浸淫在这种文化氛围中，李清照的咏梅词也集中体现了其独特的梅花情结。在"玉瘦香浓"的梅花意象里，浸润着词人的主观意识。作为大家闺秀的李清照，她的所作所为并没有超出温文尔雅的典范。"玉瘦香浓"体现了中国传统文化中固有的精神——又温柔又高傲，又热烈又恬静，又深刻又朴素，又微妙又直率。但李清照毕竟有高出于一般封建女性的高雅情趣与人格追求。她深受魏晋人物的影响，最倾慕的当属"神清散朗，有林下之风"的谢道韫，是故其为人风流放诞，胸怀洒脱，不愧为"闺阁中之苏辛"（沈曾植《菌阁琐谈》）。观其咏梅词，大抵于芬馨之中，有神骏之致，适以表现其胸怀襟韵，赏物而不滞于物，用情而不溺于情。咏梅赏梅，体现了其追求美和爱情及孤芳自赏、高洁自爱的高贵人格。

在李清照的笔下，梅不仅是词人自己的人格象喻，而且是其生命中必不可少的"伴侣"和忠实的见证者。梅花伴着她从故乡齐鲁到"与流人伍"的江南：她高兴时，赏梅、插梅；情怀不佳时，挼梅、捻梅；梅花与她同呼吸，共悲喜，见证了她的一生。其从少女时期至客死江南的一系列咏梅词，既是她不同时期心灵外化的表现，又是一曲交杂了悲欢离合的命运变奏咏叹调。

少女时期的李清照的两首《浣溪沙》中，有"海燕未来人斗草，江梅已过柳生绵，黄昏疏雨湿秋千"和"髻子伤春懒更梳，晚风庭院落梅初，淡云来往月疏疏"这样的伤春词句。梅的意象在这时已融入了词人的视野和笔触，且代表着美好的春光和主人公的青春年华，词人因为"江梅已过""落梅初"而引起惜春的淡淡忧郁和青春期激漪的轻愁。在这里，词人用一颗异常细腻的词心去敏锐地感知大自然的细微变化，再通过十分文雅优美的笔触，描绘出一种幽约凄迷的词境，在淡淡的人生忧伤中显示出其前期生活的从容优裕。

婚后的李清照，既有"柳眼梅腮，已觉春心动"的娇俏风情，又有"为谁憔悴损芳姿"的寂寞清冷。此期的梅花意象怎一个"残"字了得："梅萼插残枝""更挼残蕊，更捻余香""泪融残粉花钿重"。需要注意的是，即使对"难堪雨藉，不耐风揉"，"扫迹情留"的残梅，词人也说它"从来，知韵胜"。谓梅花的风韵超过其他的花，是"此花不与群花比"的同义语。纵然梅花"香消雪减"，但是在良宵淡月之下，它仍然保持着"疏影尚风流"的风姿。这显然是词人人格的写照。与丈夫分别的她，虽受到离情别苦的折磨，却不改其芳洁自爱的品质。全词对经风雨磨难而依旧性高品傲的残梅的赞美，含蓄地展现了词人自身同样的品性。

南渡之后，国破家亡的双重打击在李清照的命运之弦上奏响了痛楚的"悲音"，但即使国破家亡，词人那颗晶莹澄澈、敏感易伤的词心却仍然未变。经历了苦难的磨砺之后，词人的感情还是那样丰富细腻：面对芳香可爱的梅花，她还是忍不住要簪之戴之，哪怕"梅花鬓上残"（《菩萨蛮》），也显示出矢志爱美的品格；当思念亡夫时，她首先想到的也是梅花，纵然"一枝折得，人间天上，没个人堪寄"（《孤雁儿》），但还是想托梅传情。

以梅花为代表的那些花儿，寄托着李清照对美不懈的追求和热爱，这种热爱至死不休，她终身都信奉美、追求美，对花的热爱、对美的信奉，是她疲惫身心的一处港湾，是她不灭的精气神，所以才有人将她称为"乱世中的美神"。

再看她的《清平乐》：

> 年年雪里，常插梅花醉。挼尽梅花无好意，赢得满衣清泪。
>
> 今年海角天涯，萧萧两鬓生华。看取晚来风势，故应难看梅花。

这首咏梅词别具一格，既没有直接去歌颂梅花的品性，也没有去描绘梅花的外形，而是把梅花作为作者个人悲欢的见证者。从表达上看，是把梅作为全词的线索，串联起词人一生的悲欢离合。

宋代词人蒋捷曾经写过一首脍炙人口的《虞美人·听雨》：

> 少年听雨歌楼上，红烛昏罗帐。壮年听雨客舟中，江阔云低、断雁叫西风。

而今听雨僧庐下，鬓已星星也。悲欢离合总无

情，一任阶前、点滴到天明。

如果说这首词描写的是"听雨"三部曲，李清照的《清平乐》描写的就是"簪梅"三部曲，都是借物抒怀，写尽了一个人颠沛流离的一生——少年时的风流，壮年时的沧桑，老年时的悲凉。

她缅怀青年时的幸福生活，"年年雪里，常插梅花醉"；回忆中年的寂寞飘零，"按尽梅花无好意，赢得满衣清泪"；感叹南渡后的家国之恨，"看取晚来风势，故应难看梅花"。显然，此词是李清照不同阶段心理意绪的剖白和心态的外化，也是其不幸际遇的写照，可谓一部词人心灵的"小史"。

傲立于两宋词坛的一剪寒梅不堪雨疾风狂，终于萎谢了。那一缕清芬，却保存在她的《漱玉词》里，绵延至今，不绝如缕，千载之下，读起来依然余香满口。

纵然零落成泥碾作尘，犹有香如故。

这是梅花的风骨，也是李清照的风骨。千百年后的我们细味其咏梅词时，在一个个超尘脱俗的梅花意象中，看到的恰恰是那一个"柳眼梅腮""玉瘦香浓"的李清照！

酒徒：捧觞别有娉婷

文人一般都是爱喝酒的，在喝酒方面如果说男性文人中李白要坐第一把交椅的话，那么女性文人中李清照则是当之无愧的头号选手。

李清照是出了名的好酒，有人统计过，她留存后世总共不到六十首词（包括存疑的），其中就有二十九首提到了酒，有的直截了当写"酒""醉""酌"，有的则写"尊""杯""盏""盘"等酒器，还有的是用"绿蚁""琥珀"等借代酒，共计运用四十次，其中酒十六次、醉九次、尊五次、杯三次、盏两次、酌一次、盘一次、琥珀两次、绿蚁一次。举例如下：

昨夜雨疏风骤，浓睡不消残酒。(《如梦令》)

年年雪里，常插梅花醉。(《清平乐》)

不怕风狂雨骤，恰才称，煮酒残花。(《满庭芳》)

金尊倒，拼了尽烛，不管黄昏。(《庆清朝慢》)

酒阑歌罢玉尊空，青缸暗明灭。(《好事近》)

莫许杯深琥珀浓，未成沉醉意先融。(《浣溪沙》)

酒阑更喜团茶苦，梦断偏宜瑞脑香。(《鹧鸪天》)

…………

这点她颇有太白遗风，李白说"三百六十日，日日醉如泥"，李清照也一样，读她的词你会发现，她似乎总是处于微醺的状态。

尽管喜欢喝酒，她毕竟不是那些只知道牛饮的人，而是将饮酒当成了一种生活美学，酒既能助兴，又能浇愁，让快乐和痛苦都在或浓或淡的醉意中得以升华。

李清照喝的，首先是一杯"女儿酒"。诗人洛夫曾经说过，如果唐诗压榨出来的是灼热辛烈的白酒的话，宋词则恐怕压榨出的是清雅细腻的红酒。李白和李清照正是唐宋诗人饮酒不同风尚的典型代表，只要一对照《李太白集》和《漱玉词》

就会发现，李白总是在豪饮，"会须一饮三百杯"，杜甫说他斗酒诗百篇，喝酒以斗论，看来酒量甚豪；而李清照饮酒从未有唐代文士的豪饮风尚，或是"小酌"，或是"三杯两盏淡酒"，这位酒中仙的酒量看上去并不好，几乎每饮必醉，她曾八次写醉酒，无一表现醉后失态，即使多次写"沉醉"，也还重在表现酩酊大醉后的美好状态。

总而言之，即使是在喝酒时，李清照还是保持着她的淑女气质，保持着她终生追求的美感，在酒香的氤氲中，她甚至更美了，不管是微醺，还是沉醉，都展现了女儿家最美好的一面。男人们喝酒，喝的是"醉卧沙场君莫笑"的豪情壮志，她喝酒，却喝出了"捧觞别有娉婷"的动人姿态，令人想起史湘云在酒后醉眠芍药裀：

都走来看时，果见湘云卧于山石僻处一个石凳子上，业经香梦沉酣，四面芍药花飞了一身，满头脸衣襟上皆是红香散乱，手中的扇子在地下，也半被落花埋了，一群蜂蝶闹穰穰的围着他，又用鲛帕包了一包芍药花瓣枕着。众人看了，又是爱，又是笑，忙上来推唤挽扶。湘云口内犹作睡语说酒令，唧唧嘟嘟说："泉香而酒冽，玉盏盛来琥珀光，直饮到梅梢月上，

醉扶归，却为宜会亲友。"（《红楼梦》第六十二回）

嗜酒见天真，再端庄的女孩子在酒后都会展露出无拘无束的天然风韵。史湘云的香梦沉酣，和李清照的沉醉不知归路、乱入藕花深处，以及唐时的贵妃（杨玉环）醉酒，堪称史上醉酒最美三大场景，前面两大场景更是一派天然，最得自然之美。

李清照喝的，还是一杯"名士酒"。她的饮酒，不仅有淑女气质，更有名士风度。

名士饮酒，也有很多种，一部《世说新语》，写尽了名士饮酒众生相，作《酒德颂》的刘伶发起酒疯来脱得一丝不挂，说要把天地当成房屋，把房屋当成衣裤；阮咸喝到兴头上不惜和小猪们一起共饮；阮籍喝醉了常驾车狂奔、穷途痛哭。这些都不为李清照所取，她钦慕的酒徒，是东晋时的隐士陶渊明，所以她喝起酒来，也像陶渊明一样，喝出了一种闲雅清旷、悠然自得的名士之风。

陶渊明喜欢"采菊东篱下，悠然见南山"，于是以易安居士为号的李清照也要模仿这位前辈偶像，像他一样"东篱把酒黄昏后"，如果说这时候还是出于向偶像致敬，后面的"有暗香盈袖"则只有她才写得出来，这两句词将闺中意绪和名士风流熔铸在一起，再一次体现了李清照"亦是闺中秀，亦是林下风"的独特风韵。

南渡之后，她仍然以陶渊明自喻："不如随分尊前醉，莫负东篱菊蕊黄。"东篱把酒，已经成为了她的一种情结。李清照的饮酒，和名士们一样，是典雅高华、充满书卷味的，这点非一般闺中女子可比，"坐上客来，尊前酒满。歌声共、水流云断"，这是她体味过和向往过的生活状态，普通女子，顶多是在闺中和女伴们喝喝酒，哪有这种文人雅集的风雅之乐？

李清照喝的，更是一杯"诗意酒"，酒意诗情，在她的笔下如水乳般交融为一体。

有人说，李词中，"酒"和"愁"是一对孪生姐妹，密不可分。同时，它们互为表里，酒是愁的表现，愁是酒的内质；酒之多，正是愁之多的反映；酒之醉，则是愁之极的外显。李清照酒词众多，就是因为愁的深重。更有人说，李清照词中根本没有甜酒、喜酒、乐酒，而只有一种酒：苦酒！

说这话的人，想必只是出于对李清照是个泪人儿的刻板印象，而根本没有细读《漱玉词》。李清照前期的词中，分明很少有苦酒，"沉醉不知归路"，喝的是少女无忧无虑的甜酒；"金尊倒，拼了尽烛，不管黄昏"，喝的是不负春光不负美的乐酒；"共赏金尊沈绿蚁，莫辞醉"，喝的是花前月下携手共醉的喜酒。谁说她的词中只有苦酒来着？分明充满了诗酒趁年华的愉悦。

即便是在南渡之后，她也不是一味地借酒浇愁，而是要借酒忘忧，"故乡何处是？忘了除非醉"，与他乡相比，还是醉乡最好，醉乡可亲。尽管生活境遇每况愈下，她还是有自己的"酒朋诗侣"，还是有"酒美梅酸，恰称人怀抱"的惬意时光，酒在此时充当了忘情水，让她暂时从沉重的苦难中解脱出来。

《漱玉词》中，与其说酒和愁是一对孪生姐妹，倒不如说酒和诗是一对孪生姐妹。关于酒的妙用，苏轼曾形容为"应呼钓诗钩，亦号扫愁帚"。李清照正是以酒来钓诗，以酒来催发灵感，没有一个女人像她这样好酒，也没有一个女人像她这样爱作诗填词。

"险韵诗成，扶头酒醒，别是闲滋味"，她一无聊就要喝酒，一喝酒就要吟诗填词。尼采曾说："艺术家不应当按照本来的面目看事物，而应当看得更丰满，更单纯，更强健，为此在他们自己的生命中就必须有一种朝气和春意，有一种常驻的醉意。"李清照的生命中，就有一种常驻的醉意，她曾感叹"酒意诗情谁与共"，由此可见，她心目中的理想伴侣，是能跟她一起喝酒，一起赋诗的人，诗和酒，正是她人生的两个支点，又完美地融为一体了。

李清照证明了，酒和诗不是男人的专属，学者杨雨说："我认为酒就是诗歌的催化剂！"对于李清照来说，她饮的也许不是酒，而是寄托在酒里的豪情、洒脱和雅趣，是一种诗酒风流，我们可以说，酒，正是她诗意人生的外化物。

她最优秀的那些词作，无不洋溢着一股醉意。从作品可以看出她的酒醉程度，《醉花阴》显然是微醺的时候写的，酒助人兴，神完气足；《如梦令·昨夜雨疏风骤》是酒醒时写的，还残留着昨夜的酒气，化作了神来之笔；写《声声慢》时估计已喝得半醉，就像一个人在醉后的呓语。

李清照这种好饮，和宋朝的好酒成风有关，我们只要看《水浒传》就会发现，宋朝人真的太爱喝酒了，且不说梁山泊的那些大碗喝酒、大块吃肉的好汉们，就算是武大郎、潘金莲这样的市井小民，也是顿顿都离不开酒的，潘金莲情挑武松，就是以酒作引子，想让这位武二郎喝了她剩下的残酒。上至皇帝，下至百姓，无不酷爱饮酒，东京城里酒肆林立，京城第一酒楼樊楼一年要卖掉五万斤的美酒。城中的每家酒楼都有自己的招牌名酒，丰乐楼有眉寿酒，忻乐楼有仙醪酒，和乐楼有琼浆酒，遇仙楼有玉液酒，会仙楼有玉醑，宫廷更是盛产名酒，有一种蔷薇露酒是宋朝极品美酒，大内酿造，皇家御用，民间是不可能买到这种酒的。在皇帝庆寿时，宫中供蔷薇露酒，赐大臣流香酒。宋江最喜欢喝的酒叫蓝桥风月，光听名字都美得不得了，据说是吴太后家的私酿秘方流入了民间。

李清照爱喝什么酒？从"绿蚁""流霞"之类的字眼来看，她喝的大概还是发酵酒，不是蒸馏酒。宋朝人爱喝的酒分为米酒、黄酒、果酒、药酒几类，大多只有十几度，以米酒为例，就是把米饭蒸熟放凉，拌上酒曲，让它发酵，数月之后，米饭都变成了酒糟，用酒筛过滤，放进坛子里密封起来。这种制作方法，有点像现代所喝的酒酿，湖南叫甜酒，宋时金华就盛产甜酒（只不知是酒酿还是黄酒）。李清照在金华作《打马图经》时，可能就是以金华酒来助兴的。

浙江还有一种特别的女儿酒，也就是"女儿红"，晋代上虞人嵇含的《南方草木状》记载："女儿酒为旧时富家生女、嫁女必备物。"绍兴人家里生了女儿，等到孩子满月时，就会选酒数坛，泥封坛口，埋于地下或藏于地窖内，待到女儿出嫁时取出招待亲朋客人，由此得名"女儿红"。李清照也曾客寓绍兴，想必没少喝这种别具风味的女儿红。

《漱玉词》中唯一提到过的酒名是扶头酒，据说是很烈的酒，饱经沧桑的她，有时候需要烈酒的抚慰，恬淡如水的绿蚁酒，温润平和的女儿红，这时候已经觉得不大够味了，只有喝了最烈的扶头酒，才能写出最新奇的词来。

好赌：博者无他，争先术耳

除了爱花、爱酒之外，李清照还有一个特别的爱好，那就是赌博。说起赌博，很多人会想起香港电影《赌神》，想起周润发。但电影中的"赌神"早在900多年前就存在了，这个"赌神"就是李清照。

她好赌到了什么地步呢？我们来看一段话："予性喜博，凡所谓博者皆耽之，昼夜每忘寝食。但平生随多寡未尝不进者何？精而已。自南渡来，流离迁徒，尽散博具，故罕为之，然实未尝忘于胸中也。"因为痴迷于各类博弈之术，她常常不惜废寝忘食，为什么能逢赌必赢呢，因为她认真钻研、精于此道。南渡时奔波流离，不得不将各类赌具丢掉，但心中始终念念不忘。

那是绍兴四年的冬天，金人和伪齐联合进攻淮河流域，江浙的百姓们一听说淮河传来的战事，就四处逃亡，李清照也从临安乘船溯流而上，途经严滩，再抵达金华，寄住在一位陈姓人家中。

金华暂时远离战事，赵明诚的妹夫李擢又恰好任金华知府，亲友们往来颇多，长夜无事，就开始以打马为戏。

初到金华和亲友相聚，李清照的心情是比较愉快的，用她自己的说法是"乍释舟楫而见轩窗，意颇适然。更长烛明，奈此良夜乎？于是乎博弈之事讲矣"。在金华，她居住在窗明几净的陈姓人家里，漫漫长夜里，禁不住向同住的儿辈们讲起博弈之道来。

不得不惊叹她勃发的生命力，李清照这个人，确实具有一流的韧性，只要在环境稍微允许的状况下，就会重拾对生命的兴味，燃起对生活的热情。

卜居金华期间，李清照兴致勃勃地创作了一系列非凡的作品，其主题是有关于一种名叫"打马"的游戏。所谓打马是流行于宋元时期的一种掷骰行马的博戏，因棋子被称作"马"而得名，主要流行于士大夫和上层妇女之中。其玩法是按照一定的规则、格局和图谱，双方用马来布阵、设局、进攻、防守、闯关、过堑，计袭敌之绩，以定赏罚，判输赢。据李清照《打马图经序》中所说："打马世有二种：一种一将十马，谓之关西马；一种无将，二十四马，谓之依经马。流传既久，各有图经。"据浙江师范大学专门史专家龚剑锋考据，打马棋玩起来有点像飞行棋，不过要比飞行棋复杂得多。还有人说打马就是打麻将的雏形，依照李清照的描述，这种游戏还是更接近于复杂版的飞行棋。

由于打马一局所花时间较长，游戏规则较为烦琐，明清时开始式微，如今已经失传。我们只能从李清照的作品中来一窥这种"深闺雅戏"的迷人之处，《打马图经》本身没有存世，留下来的是所写的序言，《打马赋》（将打马之术与两军作战相比较），以及《打马图经命辞》（简略说明打马的步骤、策略及章法）。

在《打马图经序》中，我们可以看到李清照对各类博弈游戏精通之极，且达到了十分沉迷的地步。她在文中列举了不下二十种赌术，包括藏酒、撷蒲、弈棋、选仙、加减、打揭、族鬼、胡画、数仓、赌快、插关火、大小象戏等。这些游戏有的没有传世，有的"鄙俚"，有的"近渐废绝"，有的仅容二人，有的"质鲁任命，无所施人智巧"。

她惟独对采选和打马有所偏爱，称为"闺房雅戏"。可仍嫌采选过于繁难，如此高难度的比赛令她根本找不到对手，不禁也觉得乏味，剩下的就只有打马这种游戏了，因此她不惜耗尽精力，为这项博弈写下正式的命辞，"使千万世后，知命辞打马，始自易安居士也"，让千万世以后的人，一提到打马这种游戏，就会想到她易安居士，因为打马的规则是她亲自创制的。

打马虽是一种游戏，在李清照看来，却和用兵之术有共通之处，这点在她同时期所撰写的《打马赋》中有生动体现。《打马赋》与《打马图序》可以说是姐妹篇，《打马图序》讲了博弈之道，得专精方能无所不通，《打马赋》则以棋局比喻政局，借打马来抒发自己的政治主张。

在《打马赋》中，她一开始就试图为这种游戏正名，说打马之术，"实小道之上流，乃闺房之雅戏"，三尺棋盘，隐含着许多用兵策略。

在李清照看来，盘上弈棋，与战地布阵一样，有时兵贵神速，"或出人用奇"，以少胜多；有时要从容镇定，以义制敌，总之要善于随机应变。"马"在无路可走时，可以慢慢地退回来，伺机再战；时机有利时，"马"应昂昂如千里之驹，勇往直前，迅速占领敌人的地盘；有时在鸟道上，也要冒险飞过；有时则要善于隐蔽，就像蚂蚁用土封上穴口，或不再乘"车"

而缓缓步行，以达到麻痹敌人，保存自己的目的。

古往今来许多英雄豪杰，多是精通博弈之道的智慧之士，战场上的用兵，相对于棋盘上的布局来说，不啻为一场豪赌。李清照对这些战场上的善弈者们佩服不已，称赞了刘裕、桓温、陶侃、袁耽等人的奇谋妙计。

李清照的种种爱好，总是脱离不了一个"雅"字，可以说是万变不离其宗。她的好赌，不是市井无赖那样赤着胳膊掷骰子，为了一文钱的输赢而争得面红耳赤，而是和曲水流觞、行飞花令以及她在闺中爱玩的斗草等"雅戏"一样，充满了文人雅趣。在那个时代，"打马"并不是为了赢钱，完全是文人雅士在闲暇之余的一种娱乐方式。

李清照在序文中将自己描绘成了一个逢赌必胜的"赌神"，至于此中诀窍，她认为是因为自己掌握了赌术的奥妙："夫赌者，无他，争先术耳，故专者能之。"博弈一道，在她看来，就是争先之术，要专精于此道的人方能取胜。这样的道理可以推而广之，上及圣人之道，下至掷豆拂棋，因为"慧则通，通则无所不达；专则精，精则无所不妙"。她谆谆告诫后辈们，不管做何事，既要靠聪明才智，更要具备专心致志的精神。惟其如此，才能触类旁通。

论起赌术之精，说到敢于争先，李清照敢认第二，整个大宋赌坛估计也没人敢称第一。缪钺说她"富创辟之才能"，这种才能其实不仅仅局限于词的领域，在词坛上，她是自出机杼的一代宗师；在赌坛上，她也是开宗创派的赌中圣手。

因她争强好胜的性格，总能够在博弈之时处处争先，当真是此女一出，谁与争锋。从这篇序文来看，她俨然就是当时赌坛上的独孤求败，独步天下，无人能敌，常以生平难求一败为恨。

这般战无不胜的豪情，不禁让人想起当年她写《词论》时，也是如此睥睨群雄，未将他人放在眼中。时间过去了这么多年，李清照的个性仍是如剑般锋锐，骨子里还是那样骄傲，还是那样自负，偶尔拔剑出鞘，仍然剑气纵横，剑光逼人。

争先，正是李清照性格中最突出的特点。她做什么都力争上游，酒要喝烈酒，诗要押险韵，少女时代要和前辈诗人斗诗，结了婚后要和赵明诚比赛记忆力，写起词来要力压师祖师叔一班文坛大佬们。取法乎上，才能得乎其中，若不是如此事事争先，可能她和其他女文人一样，早就被历史遗忘了，多亏了这股要强劲儿，她才能跻身于宋词的熠熠群星之中。

毫无疑问，在人生的赌局上，李清照比很多人幸运，因为她拿到了一手非常好的牌，好得足以令人嫉妒。更令人嫉妒的是，她把这一手好牌打出了前无古人、后无来者的效果，年纪轻轻已经横绝今古，力拔头筹，成为人人艳羡的才女，赢在了起点上。上天给了她太过幸运的前半生，又给了她太过坎坷的后半生。过了四十三岁后，她拿到的都是烂牌，不过不要紧，我们惊奇地发现，牌面这么差，她也没有灰心丧气，在经历了国破、夫死、再嫁等重重风波后，仍然气定神闲、见招拆招，最终将一手烂牌打出了柳暗花明、绝处逢生的境界，词的境界与人格境界都更上一层楼，靠的正是绝不言输的心劲和迎难而上的倔强。

我们谁都无法决定拿到什么样的牌，但是我们至少可以像李清照一样，拿到好牌时要尽全力，拿到烂牌时沉得住气，永不放弃，永不服输，李清照能成为"博家之祖"，靠的正是这样的精气神！

第四章

关于自我：

曾许人间第一流

《词论》：臧否诸家，唯我独尊

　　北宋末年，一篇名为《词论》的评论文章在词坛掀起了轩然大波，这篇文章虽然不过一千多字，却将柳永、秦观、晏殊等词坛大家都"批"了个遍。连堂堂文坛盟主苏轼所填的词，也被讥讽为不过是句式参差一点儿的诗罢了，根本就不符合词的音律。

　　究竟是谁？如此胆大，胆大到目空一切，偏又如此毒舌，毒舌到一针见血？

　　俗话说，初生牛犊不怕虎，写出这篇文章的，正是年少成名的李清照。

　　李清照是个锋芒毕露的人，最能凸显她锐利锋芒的，不是她平时所填的词，而是出自她手的《词论》。

在赵明诚致力于《金石录》的撰写时，李清照除了协助夫君外，自己也没有停止创作。赫赫有名的《词论》就大约作于此时，这篇论述文章长不过千余字，在词学史上的地位却非同一般，它不仅是有史以来第一篇系统的词论，而且是第一篇出自女性之手的评论性文章。《词论》和《金石录》，称得上他们隐居时创作的双璧。

李清照的《词论》，正是在晁补之《评本朝乐章》的基础上发展而来，不过她年少成名，心高气傲，写起评论文章来奇巧尖新，不同于老师晁补之的老成持重。

《词论》并没有一上来就历评诸家，而是从词的演变和历史谈起。开头先讲了一个很有意思的故事：唐朝开元、天宝年间，有个叫李八郎的歌者，歌技为天下之冠。一次，新科进士们在曲江举行宴会，其中一位名士特意让李八郎换了衣服，隐去姓名，说这是自己的表弟，愿敬陪末座。八郎衣着破旧，神情沮丧，一点儿都不为人注意。众人宴上饮酒时，奏起了音乐，当世知名歌者纷纷出席演唱，其中以曹元畅、念奴唱得最好。该名士忽然指着八郎说："请表弟为诸君歌一曲。"众人无不哂笑。八郎舒展喉咙，轻吟慢唱，一曲终了，他的歌艺打动了在场的所有人，大家认出了他，并心悦诚服地对之罗拜。

　　这个开头长期以来都是被人忽视的，美国汉学家艾郎诺却认为李清照论词以李八郎的故事开始是别有深意的：李八郎对于盛唐时以女子为主的歌坛来说，是一个闯入者；李清照对于宋时以男子为主的词坛来说，也是一个闯入者。

　　李八郎在曲江宴上的遭遇，实际上隐喻着李清照在主流词坛上的处境。当她试图闯入一个原本不属于自己的领域时，一开始，只能甘居末位，以获得入席资格。其他人当然会无视她，甚至加以嘲笑。她唯一能够做的，就是学李八郎那样，以高超的才华来消除人们对其身份的偏见。这里特意将李八郎设置成男性身份，这是李清照的聪明之处，如果设置成是一位女性歌者独闯歌坛，那样用意太明显，很容易就会导致男性文人的反感。这是李清照和李白的不同之处，同样是传统规则的破坏者，李白往往表现为尖锐的对抗，李清照却要圆融得多，也智慧得多，所以她更易为主流社会所接受。

　　和其他女子不一样，李清照并不甘于仅仅做个"闺阁词人"，在词这个领域中，她希望自己能够与男性词人们一较高下。一篇《词论》，充分展现了她的争强好胜和强烈自信，当世名家乃至前辈词人，都受到了她的指摘。

　　她的前辈柳永，所填词作在宋时流传极广，人称"凡有井水处，皆能歌柳词"。可她却认为，柳永词虽协韵律，但

"词语尘下"，也就说是说他用词太过庸俗，未免有些上不了台面。

苏轼、欧阳修、晏殊称得上是一代文宗，其中苏轼更是她父亲的老师，她却毫不留情地批评说，这些大学者大才子，所填之词往往不协音律，严格来说不能称之为词，只能说是长短不一的诗句。

对于王安石、曾巩这样文章名家所作的词，她更是全面否定，认为他们的词作读后会令人发笑绝倒，言外之意是，他们的词根本就不具备可读性。

至于当朝所推重的晏几道、贺铸、黄庭坚、秦观等词人，她肯定了这几位确实算得上词坛名家，所填之词称得上本色当行。即便如此，她还是一一指出了他们每个人的缺点：晏几道的词"苦无铺叙"；贺铸的词短于用典；秦观的词虽然情感细腻，却缺少了实际的东西，就像一个出身于贫苦之家的美女，虽然天生丽质，却少了一点儿富贵气象；黄庭坚的词注重用典，内容充实，但小毛病太多了，如同一块美玉上面出现了不少瑕疵，价值自然要减半了。

对比晁补之所写的《评本朝乐章》，可见李清照对前辈词人的批评是如何毫无顾忌和不留情面。这在当时就掀起了轩然大波，宋人胡仔斥责说："易安历评诸公歌词，皆摘其短，无一免者，此论未公，吾不凭也。"清朝的裴畅更是站在男性的角度批评她："易安自恃其才，藐视一切，语本不足存。第以一妇人能开此大口，其妄也不待言，其狂亦不可及也。"

李清照真的如胡仔等评价的那样，是个"好为大言"的狂妄无知之徒吗？那可真是小瞧了她。有句话说"不破不立"，她对前辈词人缺点的批判和否定，正是为了树立自己心目中的词体规范，也就是"词别是一家"。

词和诗是不同的，可直到李清照此文，才明确树立了"词别是一家"的观念。从她所批判的那些词人缺点的反面，可以了解到她心中的词学标准，大概具有这几个特点：协音律、重铺叙、贵典雅、有情致、尚故实。

一个人的才气往往和眼光成正比，才高如李清照，自然眼高于顶，目下无尘。李清照之所以敢于提出这么严苛的词体标准，是因为她有这个底气——再苛刻的标准，她也有本事在词作中一一付诸实践。她既是规则的制定者，又是规则的践行者。

她的词作，正是"别是一家"的完美典范，对声律的追求、对用语的讲究都到达了极点。正是因为苏轼、秦观这些知名词人的词作在她看来并非是无可挑剔的，她才不愿意步伍前辈，不肯摹拟任何一家，而是独出机杼、自铸新词，最终炼就了独一无二的"易安体"。

清人李调元评价说："易安词无一首不工，其炼处可夺梦窗（吴文英）之席，其丽处可参片玉（周邦彦）之班。盖不徒俯视巾帼，直欲压倒须眉。"

《词论》一文，正是李清照"直欲压倒须眉"的一篇力作。李清照论词，有人笑其狂妄，也有人说她保守。词本以婉约为正，自从有了苏轼这个骨子里缚不住的改革派之后，吹花嚼蕊之音中，渐渐混入了天风海浪之曲。李清照的《词论》，却和这位祖师爷唱对头戏，极力提倡填词要协律典雅，因此被认为是词坛上的保守一派。

与其用保守和创新来区分词人，倒不如说他们的文学追求和审美取向不一样。每个人都有适合自己的词风，所填之词豪放还是婉约，都是自己天性所宜。李清照这样的闺中女子，再豪迈也写不出"大江东去，浪淘尽，千古风流人物"这样的词句来；东坡那样的豪杰之士，自然也无法体会闺中少妇"才下眉头，却上心头"这样细腻婉转的心思。

他们都只能选择适合自己的词风，相对应的，也会捍卫自己追求的词学标准。写英雄本色，李清照不如东坡；道儿女情怀，东坡则不如李清照。

由此可以理解她为何要提出"词别是一家"：只有当词回

归到以婉约为本色的传统时，她的才华才能在这方天地中得到最充分的展现。正如缪钺所说："词本以妍媚生姿，贵阴柔之美，李易安为女子，尤得天性之近。"

词之一体，要眇宜修。没有什么文体比词更具有女性气质。由身为女子的李清照，来创作女性气质浓厚的词作，展现女儿家独有的幽美细微的情怀，可以说是再契合不过了。无怪乎她论起词来能够睥睨群雄，不可一世。因为在这个领域里，她原本就具有先天的优势。

《词论》一文，显示了李清照不同于常人的野心。在那个所有的评判规则都由男性制定，女性们只能臣服的年代，她敢于跳出来，挑战已有的观念，发出自己的声音来。

在当时，这样的声音是振聋发聩的，连嘲笑她的南宋文人胡仔也没办法装作没听见，并将之收进了他编的《苕溪渔隐丛话后集》中。《词论》这篇文章原文本无标题，《词论》一名是后人添加的。

胡仔的原意，可能是让大家一同来讥笑李清照的狂妄自大。殊不知，经过数百年时光的变迁，世人的评判标准早已变了。读了此文后，人们不仅没有加入嘲讽李清照的行列，反而对她生出了一份由衷的赞赏——赞赏她的眼光，更赞赏她的敢为人先。

创作：这一生，和诗书做了闺中伴

能诗的女子多矣，何以李清照能脱颖而出？这固然和她的天赋有关，但更离不开她在创作上的投入和野心。

诗词之于大多数旧时才女，只不过是生活的点缀，甚至可以说只是一件体面的"嫁妆"，比如薛宝钗就曾劝林黛玉道，"咱们女孩儿家不认得字的倒好"，"你我只该作些针黹纺绩的事才是"。可见，她并不觉得做诗是一件正经事。

与此形成鲜明对比的是林黛玉，她把诗歌当成了自己的精神家园。秋雨敲窗，她提笔挥就《秋窗风雨夕》；落花成冢，她一气吟出《葬花吟》。正如她在《咏菊》一诗中所说的那样，"无赖诗魔昏晓侵"，这是她的切身体验。

　　王文娟主演的越剧《红楼梦》中，关于林黛玉焚稿有这样一段唱词：

　　　　我一生与诗书做了闺中伴，与笔墨结成骨肉亲。
　　曾记得菊花赋诗夺魁首，海棠起社斗清新；怡红院中
　　行新令，潇湘馆内论旧文。

　　同样，李清照的一生，也是与诗书做了闺中伴，与笔墨结成骨肉亲。林黛玉说"无赖诗魔昏晓侵"，李清照也说过"诗情如夜鹊，三绕未能安"，创作的激情盘旋在她们的心头，这是没有办法消除的，为了能寻找到妥当"安放"诗情的字句，她们被折腾得寝食难安。宝钗们缺少的不是才华，而是这种对创作的痴迷。

　　诗词对于李清照来说，是不可一日无的。清平盛世时，她有的是闲情闲趣，雨打海棠，要感叹一下"绿肥红瘦"，重阳赏菊，要自怜一下"人比黄花瘦"，直到南渡之后，她心心念念的仍然是作诗填词。

　　诗人们有雪中觅诗的传统，晚唐宰相郑綮有句名言，"诗思在灞桥风雪中驴子上"。初唐孟浩然情怀旷达，常冒雪骑驴寻梅，事后常有佳句，可见雪从来都是诗人的灵感来源。

被称为"咏絮之才"的李清照，自然对雪有一份天生的亲近，也爱向风雪之中寻觅诗思。宋人周辉在笔记杂史《清波杂志》卷八中记载说："顷见易安族人言：'赵明诚在建康日，易安每值天大雪，即顶笠披蓑，循城远览以寻诗，得句，必邀其夫赓和，赵明诚每苦之也。'"这样的佳兴，不禁让人想起当年李清照以《醉花阴》寄赵明诚，赵明诚闭门三日三夜，做五十阕词，想要和妻子一较高下的韵事。

但南渡之后，赵明诚一来忙于公务，二来自知才气远逊于妻子，尽管勉力唱和，也只不过是为了不扫妻子的兴，自己着实有些为难。只有李清照，某种程度上仍保持着昔日的少年心性，仍然是那样兴致勃勃，那样诗思遄飞。这番雪中觅诗的雅兴，正显示了她是个天生的诗人，诗人天性让她以此为乐，而作为普通人的赵明诚，对此等雅事却只能"苦之"了，这就是诗人和普通人的区别。

古代和现代不一样的是，那时候是没有"专业作家""全职作家"的。文人们素来追求学而优则仕，就算是苏轼、辛弃疾这样的大文学家、大词人，他们的主要精力还是放在仕途上，文学只不过是他们在仕途失意时的一种宣泄，是他们在官场生活之外的一种补充。称得上专业词人的可能只有一个柳永，柳永将其他文人做官的精力用来填词，确实取得了惊人的效果，以至于有井水处皆能歌柳词。当然，柳永心底其实还是心系仕途的，也当过微末小官。

李清照却因为是女性，纵然她是个脂粉丛中的英雄，在那个时代也无法走出去，立一番事业。囿于时代，她只能将心力投注在作诗赋词上。如此一来，倒是让她得以没有受到功名的"荼毒"，成为了那个时代少有的"专业词人"，也就是缪钺所说的"纯粹之词人"。过分追求功名利禄，的确是有害于艺术，有损于诗词的魅力，哪怕是李白，也难免被后世之人讥讽功名心太重。身为女性，李清照无须角逐于熙熙攘攘的名利场，她的性别本来在那个时代处于绝对的劣势，不承想竟然成为艺术创作的优势。

学者缪钺对李清照评价很高："余谓诗人亦须兼具天才、情感、理想三者。李易安即如是。'为纯粹之词人'，以见其情感之美也。'有高超之境界'，以见其理想之高也。'富创辟之能力'，以见其天才之卓也。"

什么叫作"纯粹之词人"？大概相当于王国维所说的"主观之诗人"吧，他在《人间词话》里比较客观之诗人和主观之诗人时说："客观之诗人，不可不多阅世。阅世愈深，则材料愈丰富，愈变化，《水浒传》《红楼梦》之作者是也。主观之诗人，不必多阅世。阅世愈浅，则性情愈真，李后主是也。"

不少人将李清照与李煜相提并论，说他们一位是词中之帝，一位是词中之后，他们都属于"主观之诗人"。李煜长于深宫之中，李清照长于闺阁之内，前半生见到的都是脂正浓、粉正香的清平景象，也就是说没有见识过人间疾苦，这让他们形成了纯真快乐的个性。即使后来饱经社会的毒打，性格的基调已然形成，自始至终，他们都保持着那份纯真，保持着一颗纯粹的"词人之心"。真正动人的诗词都是性灵之诗，因为那是从诗人的心底自然而然地流淌出来的，未经任何凿饰，却因真诚而能引人共鸣。

"纯粹之词人"确实是名副其实，和男性词人相比，李清照无须将主要精力放在追求仕宦上，和女性词人相比，她在创作上又倾注了更多的心血。

世人只看到了李清照的才华横溢，却很少有人看到她在创作上的苦心经营。"诗情如夜鹊，三绕未能安"和"吟安一个字，捻断数茎须"类似，都是在描述写诗时那种苦苦思索的状态。当然李清照因为天赋极高，所以看上去不像苦吟派那么呕心沥血，而是举重若轻、运斤如风，但我们也不要因此而忽略了她在这个过程中投入的巨大心血。

李清照作诗填词，有着"语不惊人死不休"的野心，她在《词论》中批判苏轼等人，很大程度是看不惯他们以漫不经心的态度来填词。与之相比，她本人创作的态度是极为严肃认真的，正因为这份匠心巧思、惨淡经营，才造就了独具特色的易安体，才能够"文章落纸，人皆传之"，才能在小小年纪就力压群雄，成就了"词中女帝"之名。

易安体的特色是什么？用一句话来概括，就是无一首不工。佳句奇语琳琅满目，读之令人耳目一新，即便是写最常见的离情别绪，也绝无其他词人常用的陈词滥调，这当然离不开背后的匠心巧思。

复旦大学教授骆玉明在谈及现代诗歌与古典诗词的区别时，曾经提出过一个概念，即"智力的投入"，他认为古代最优秀、最聪明的人都把大量精力花在诗词上，与之相比，近现代开始重理轻文，诗歌领域吸引不了那么多优秀的头脑来创作，很多聪明人不再作诗，而是转移到了其他领域，所以现代诗歌才不如古典诗词那么辉煌。这个角度对于我们对比李清照和同时代词人也不无启发，论天赋，或许有很多男性词人都不在她之下，但论投入的"智力"（也可以理解为心血），连苏轼这样的大词人可能都不如她投入得多。

在很年轻的时候，她已经以"自是花中第一流""此花不与群花比"自比，和许多天赋出众的词人一样，她很早就认识到了自己的才华，树立了自己的理想，就是她为之奋斗终生的理想——成为第一流的词人，而不是成为谁的附属。她之所以对写诗作词那么投入，不仅是为了获取这个世界对她的认可，更是为了不辜负自己，不辜负上天赐予她的一身才华。正是有了这份高出流俗的志趣，才让她成为了李清照。

正是因为爱词成魔，才有了这天地间独一无二的李清照。李清照之所以成其为词中女帝，离不开"诗书"这位闺中伴，这位闺中密友滋养了她的生命，造就了她独立的精神世界，形成了她情怀高邈的意境生活。在此之前的文学创作领域，从来没有出现过这样将诗歌视为生命的女诗人、女词人。鱼玄机也好，朱淑真也罢，她们也写诗，但诗词只是伴随着爱情产生的附属品。李清照所写诗词的范畴，却远远不是"情诗"两个字可以包含的。她的诗词中，有自怜，有自白，更多的是对流逝中的生命与青春的留恋和叹惋，她的身上，已经有了强烈的自我意识，诗词正是她内心世界的外化。

李清照一生著述丰富，在世之时已形成极有特色的"易安体"，并有词集问世，可死后作品却大多散佚，只留下了五十余首词以及少量诗文，对于喜爱她的读者来说，真是一件莫大的憾事。

《漱玉词》虽只有寥寥数十首，但几乎每一首都宛如一块明莹的水晶，浑成剔透，从中折射出她晶光照人的才华。

"易安体"风行一时，引无数英雄竞折腰，争相模仿。慷慨豪放的辛弃疾视她为偶像，模仿她的风格作了多首"拟易安体"。清代的王士祯，更是一生低首李清照，和作了她的每一首词，并将她和辛弃疾相提并论，论宋词称"婉约以易安为宗，豪放惟幼安（辛弃疾字）称首"。

关于"易安体"的风格，还是缪钺说得最好："易安词在有宋诸名家中，自有其精神面目。晏殊之和婉，欧阳修之深美，张先之幽隽，柳永之绵博，苏轼之超旷，秦观之凄迷，晏几道之高秀，贺铸之瑰丽，举不足以限之。大抵于芬馨之中，有神骏之致，适以表现其胸怀襟韵。"

和她那些充满阳刚气息的诗歌相比，《漱玉词》的女性特质十分鲜明，李清照以一颗千回百转、玲珑剔透的词心，开辟了一个男性词人们很难抵达的"女性世界"。词有学人之词、诗人之词、词人之词，而李清照的词，则是典型纯正的词人之词。她坚持"词别是一家"，她那些名动千古的佳作，如《如梦令·昨夜雨疏风骤》《一剪梅·红藕香残玉簟秋》《武陵春·春晚》《声声慢·寻寻觅觅》等，确实都是缠绵悱恻、一唱三叹之作，深具闺中情调、女儿情怀。

男性文人们一个个爱作代言体、闺怨词，但因为性别不一样，写得再好也终究是隔了一层，怎及得上李清照天生就是个女子，而且是一个心思婉转细腻、品位精致优雅的女子，她只需秉笔直书，直抒胸臆，就胜却无数男性词人了，写女子的心思，谁能比她写得更贴切、更妥当！女人如花，但被男性视角凝视的女性，往往是毫无思想、毫无自我的塑料花、仿生花，而在李清照的笔下，这朵女儿花终于摆脱了千篇一律的娇弱姿态，保持着鲜艳明媚、秀中有骨的本来面目。《漱玉词》的魅力，正在于活色生香，千载之后读起来，依然是余香满口，因为那其中浸润了一个女子独有的芬芳，蕴藏着一个活生生、有血有肉的灵魂。

交游：走出闺阁，闯入男性世界

　　自古以来，有许多富有才华的女子，但她们中只有极少数的精英能获得主流的认可。这是因为她们的生活圈、社交圈极其狭窄，即使再有才华，作品也只能在闺中流传，她们的世界，被局限于深深庭院、小小闺阁之中。

　　举个例子，魏晋时流行清谈，也可以看成是思想辩论赛，有一次王献之（书圣王羲之之子，与父亲并称为二王）辩不过客人，嫂子谢道韫一直躲在屏风后面听，就派婢女让王献之歇会儿，由自己出来给他解个围。王献之知道自家嫂子非同一般，欣然同意。东晋时候，礼教之防并不像后世那么厉害，不过女眷也是不好随意抛头露面的，于是谢道韫就用青色的帐子设下幔帐，隔着"青纱帐"与客人辩论，结果这位客人辩到最后也没胜得了谢道韫。

可见女性和男性交谈，总是不能那么"光明正大"，女性听政要垂帘，辩论要设帐，总之，中间要有一个遮挡物，正是这个遮挡物遮蔽住了女性的才华和光彩。

女性文人能无所顾忌地和男性交谈，始自唐朝，大唐风气开放，像才女上官婉儿、薛涛、鱼玄机、李冶都有男性朋友圈，鱼玄机和温庭筠、李冶和皎然等，都称得上是亦师亦友的密友。但是需要注意的是，她们大多不是手握权柄的女政治家，就是出家的女道士，身份相对自由。

李清照的独特之处，在于她是一位贵族小姐，一位名门淑女，却和鱼玄机等人一样，无所顾忌地闯入了男性世界。同样是名门闺秀，谢道韫还躲在屏风之后，李清照却已经从屏风后面走了出来，光明正大地和男性文人们谈诗论文，在古代闺秀之中，算是第一人了。

纵观李清照的异性朋友圈，那可以说是星光灿烂，网罗了大宋文艺圈各个领域的人才，诗人有苏门四学士的张耒，词人有晁补之、朱敦儒，画家有米友仁（米芾之子，与父亲并称为大米、小米），名士兼官员有綦崇礼、谢克家等，高官有韩肖胄、胡松年等，这还只是于史有载、"有诗为证"的，背靠李格非这棵大树，不排除她和秦观、黄庭坚甚至苏轼都有过一定程度的交游。

这在女孩子通常要"大门不出、二门不迈"的封建社会是很难得的，我们看《红楼梦》就会发现，大观园中的小姐们也喜欢结诗社、比作诗，但仅仅是限于在园子里，贾宝玉曾偷偷将众姊妹诗作带出大观园，甚至有族人提议将之刊印出版，贾探春和林黛玉得知后大惊失色、忧虑重重，可见她们的创作带有很大的私密性、封闭性。

李清照却不一样，她不甘心只在后花园里结结诗社，更不甘心仅仅在一群女孩子里面夺夺诗魁，她能取得封建社会主流文艺圈的认可，虽然离不开父亲李格非的引领和夫君赵明诚的助力，更离不开她自身的努力和进取。

在男尊女卑为主流的时代，李清照在经营她的男性朋友圈时有两大特点：

一是平等性，在以男性为主的圈子里，即使偶尔有女性介入，大多数也是作为一种点缀，她们是文人圈中的一朵朵花，点缀了男性红袖添香的梦想，即使有才如鱼玄机、薛涛，她们和男性朋友之间的诗歌唱和，大多还是停留在儿女情长的层面，甚至可以说，她们之所以为世所知，不是因为她们的作品，而是因为她们的绯闻。鱼玄机也写过"自恨罗衣掩诗句，举头空羡榜中名"的名句，但她一生都活在情爱的牢笼里，其人其诗，并没有脱离昵昵小儿女的范畴。

而对于李清照，我们可以清楚地看到，她试图以一种树的姿态和男人们站在一起，不攀附、不谄媚、更不妄自菲薄。从少女时期开始，她就以她的才华而非美貌，赢得了张耒、晁补之等士大夫们的交口称赞；结婚之后，她的才华远远超过了夫婿赵明诚，所写的词作被赵明诚的朋友陆德夫击节赞赏；等到宋室南渡后，她已经是众所公认的词坛宗师，江湖地位已经相当牢靠了。

能够证明她江湖地位的，一是在她南渡之后，仍然有众多亲友对她施以援手，比如谢克家，是赵明诚的姨表兄，在帮助宋高宗建立南宋时立有不小的功劳。正是他在高宗面前仗义执言，才保下了李清照随身携带的那些文物。

还有个人叫綦崇礼，也是赵家的远房亲戚，论辈分是赵明诚的表孙，论年龄则跟李清照差不多。李清照因为状告张汝舟之事下狱之后曾向他求助，正是在他的斡旋之下，才只坐了几天牢就顺利脱离苦海。还有赵明诚的两个妹婿李报和李擢，也多次在李清照逃难的过程中给予了援助。李清照避难金华，就是投奔当时在婺州任太守的李擢，住在金华酒坊巷陈氏第。

这时候赵明诚已逝，可见他们并不是冲着她是赵挺之的儿媳或者赵明诚的妻子这一身份，只因为尊重她的才华与声名，在李清照落难时，他们显示的呵护与温情，是一种对文化的呵护与温情，也是一种文人之间的惺惺相惜。

失去了依靠的李清照，她至少还有一样东西可以依傍——那就是她与生俱来的才华，这是谁也无法比拟的。

二是她在南宋初年的词坛还是自有其一席之地的。她一生中交游极为广阔，晚年和朱敦儒等词坛名家也保持着密切来往。朱敦儒外号"词俊"，与"诗俊"陈与义等人并称为"洛中八俊"。他早年生活极其风流放诞，曾撰词自称"我是清都山水郎，天教分付与疏狂"，夸自己"诗万首，酒千觞，几曾著眼看侯王"。这等平视公卿的风度，为李清照所激赏，两人早年就相识，又在临安再遇，故人重逢，曾有过亲密交往。朱敦儒的作品中就存有一首《鹊桥仙·和李易安金鱼池莲》。可惜李清照的原作已经淹没无传，我们只能从朱敦儒的这首词作中，揣想这两位词中之仙曾一同诗词唱和。

李清照经营男性朋友圈的另一个特点是主动性，这点和她的身份有关，她毕竟是个闺阁中的名媛，不像鱼玄机、薛涛等人那样，可以天天在道观里大办文化沙龙，坐等天下风雅之士上门问道。如果她像魏玩那样甘于待在深闺之中，那么当时的才子名士们再仰慕她，也是无法登门拜访的，只能偶尔在父亲、夫君招待客人时参与一下，还不知道要不要隔着一道屏风。

但高手总是渴望着能和同频共振的人切磋的，既然山不过来，那么我就向山走去。少女时，李清照主动唱和前辈张耒的诗作，主动向晁补之请教；到了晚年的时候，她仍然积极主动地和文化名流们交往。绍兴十九年（1149年），李清照曾先后两次拜访米芾的儿子米友仁，请他为自己收藏的两幅米芾的字题跋。米芾是北宋著名的书法家，与苏轼、蔡襄、黄庭坚并称为书法界的"宋四家"。其个性怪异，举止颠狂，遇石称"兄"，膜拜不已，因而人称"米颠"。米芾善于临摹，到了能以假乱真的地步，因此传世的作品鱼龙混杂，常令人分不清真假。李清照特意请其子题跋，既为了鉴定其真假，也为了提升米芾这两幅字帖的价值，试想一下，若"小米"能为"大米"题跋，这样的美谈必定会为字帖增色不少。

米友仁没有让李清照失望，在细细鉴赏了李清照携来的两副字帖后，他当即肯定她所收藏的是其父的真迹，并欣然为之题跋。在米芾《灵峰行记帖》上，他写道："……拜观不胜感泣。先子寻常为字，但乘兴而为之。今之数句，可比黄金千两耳。"这年米友仁已经七十五岁了，见到父亲的手迹，不禁感动得流下了眼泪，在他的记忆中，父亲米芾写字都是率兴而作，这个帖子居然有这么多的字数，其价值不下黄金千两。

在另一幅《寿时宰词帖》中，米友仁则介绍了自己为之题跋的缘由："先子因暇日偶写，今不见四十年矣。易安居士求跋，谨以书之。"正是有了此跋，后世的人才凭着这字帖，知道了李清照当年曾携帖求跋之事。

李清照还主动上诗给出使金朝的韩肖胄、胡松年，主动向户部侍郎边知白请教《观音感应录一百事》，向朝廷呈献整理好的《金石录》及收藏的《哲宗实录》。

与这些文人名士乃至高官们的交往，极大地拓宽了李清照的社交圈，让她的作品得以传播更广，早在她生前，她的文集就已经在文人中广为流传，宋人曾慥编辑的《乐府雅词》中收入了她的二十几首词，这也是她现存作品中最确凿无疑的部分。已有论者指出，她的诗作相当男性化、阳刚气质十足，喜欢在诗中纵论时事，这正是她积极融入男性世界留下的烙印。

那个时代，男性的世界无疑比女性要广阔得多，长期与文人士大夫们打交道，让李清照的见识眼界、胸襟风骨都远远超过了寻常的闺中女子，"士不可以不弘毅，任重而道远"，事实上，她已经完全士大夫化了。用现在的话来说，没有担任任何官职的她，已经获得了一个全新的身份，那就是独立知识分子。她身上那种对国家大事的关注，对不公平现象的批判，对文化的自觉传承，都验证了她独立知识分子的身份。

尽管如此，受时代限制，李清照还是无法自由自在地和同时期的文人们交往，这点她一定很羡慕林徽因，因为后者有一间"太太的客厅"，可以和徐志摩、金岳霖这些文化名流们无拘无束地交流。如果宋朝也有一间"李清照的客厅"该有多好，设想一下，倘若秦观、朱敦儒等男性文豪们可以和魏玩、李清照一道煮酒论诗、分茶填词，那种群星荟萃的盛况，多么令人向往。

独处：一个人的精彩

千百年后的我们，对古代闺秀的真实生活状态已经无从得知，我们只能凭借文人们的描述，来想象她们的生活：她们所住的地方，是"庭院深深深几许"，活动的空间是何等狭小；她们每天的状态，是"懒起画蛾眉，弄妆梳洗迟"，多的是无处打发的时间；她们整天所挂念的，是"玉人近日书来少"，仿佛人生就只剩下了倚栏盼书这件事，精神是何等空虚。

幸好还有李清照，以及她留下的《漱玉词》，足以打破我们对古代闺秀生活的刻板印象，我们看她词中的日常生活是多么丰富多彩，又是多么风流倜傥：

当年曾胜赏，生香薰袖，活火分茶。（《转调满庭芳》）

清露晨流，新桐初引，多少游春意。（《念奴娇》）

水光山色与人亲，说不尽，无穷好。《怨王孙》）

年年雪里，常插梅花醉。（《清平乐》）

险韵诗成，扶头酒醒，别是闲滋味。（《念奴娇》）

来相召，谢他酒朋诗侣，香车宝马。（《永遇乐》）

随意杯盘虽草草。酒美梅酸，恰称人怀抱。（《蝶恋花》

闻说双溪春尚好，也拟泛轻舟。（《武陵春》）

…………

可见古时的闺秀，至少宋代的大家闺秀，如果有幸成长在一个较为开明的家庭，生活还是相当惬意自由的，她可以自由自在地饮酒、作诗、赋词、游春、踏雪、插梅、泛舟、登山、出游，这样的生活，和男性文人并没有什么区别。用当代宋词研究学者杨海明的话来说，李清照并非仅是一位"纯情"女子，她的生活方式与生活内容已经基本接近于士大夫文人，这让她的词中洋溢着一股浓厚的"雅士"气息。

由于声名早著、生性活泼，李清照的社交圈子远比一般女性要大，但古代女子不需要外出工作，大部分时间还是得独自度过。我们更要注意的是，即使是她在一个人独处的时候，也并不像很多女子那样落寞自怜，而是相当怡然自得。

比如这首名作《醉花阴》就是写于她一个人度过的重阳节：

薄雾浓云愁永昼，瑞脑消金兽。佳节又重阳，玉枕纱橱，半夜凉初透。

东篱把酒黄昏后，有暗香盈袖。莫道不销魂，帘卷西风，人比黄花瘦。

"薄雾浓云愁永昼"，起首七个字，已经奠定了全词的基调，那就是"愁"。这种愁，是淡淡的闲愁、清愁。金庸曾经如此评价林燕妮略具伤感风味的言情小说，说她小说中的女主人公即使流泪也是拭在瑞士真丝手帕上的眼泪，这首《醉花阴》的愁也给人以同样的感觉，像一层轻云笼罩在阳光之上，底子仍然是明媚的。

九九重阳之日，本来是合家登高、共插茱萸的佳节，可这年的重阳节，李清照却是独自度过的。词中的女子，当然有些寂寞。寂寞，往往和思念有关，当思念一个人的时候，才能体会到什么叫作寂寞。

寂寞让李清照绽放出惊人的美丽来，一个人的重阳节该如何度过呢？此时菊已黄，蟹正肥，就算是一个人，她仍然可以持螯赏菊，对酒花间。这其中，既不乏草木有本心、不求美人折的风流自赏，也洋溢着兰生幽谷、无人而自芳的高洁气度。

如果把她的词比作一帧帧自画像的话，其中最传神、最令人过目不忘的就是这幅画于重阳日的小像了。词中的女子，露给我们的只是一个把酒黄昏后的背影，但从她的居室、衣物与举止可以感知，她是一位养尊处优的贵族女子。

炉中所烧的沉香是"瑞脑"，纱橱中用的是"玉枕"，可见她所处环境之华贵；东篱把酒的雅趣，暗香盈袖的情韵，可见她风神之潇洒和举止之优雅；一句"人比黄花瘦"，可见她背影的玲珑，身材之窈窕，其人淡如菊的气质也可以感知到。

李清照在词中很少正面描写自己的容貌，但我们可从此词中可以得知，她是一个瘦美人。唐朝人崇尚丰美，宋朝人则以瘦为美，李清照的外表，恰好符合当时清瘦俊逸的审美风尚，难怪她一再流露出对自己容貌的自信。

"东篱把酒黄昏后"是李清照独有的姿态，"人比黄花瘦"则是李清照独有的神韵。

这首《醉花阴》正如前人所评价，称得上无一字不秀雅，深情苦调，古今共赏，被无数人当成了易安词的代表作之一。清代谭莹曾作诗咏叹说："绿肥红瘦语嫣然，人比黄花更可怜。若并诗中论位置，易安居士李青莲。"

人比黄花瘦，就如同拭在瑞士真丝手帕上的眼泪，纵然有遗憾，也无损于当下生活的自足和丰盈，当惆怅变得诗意化了，伤感也就转化成美感了。一个人的重阳节，最终成就了史上最销魂的一首重阳词。

词学名家龙榆生对此词激赏不已，尤其爱结尾三句，"莫道不销魂，帘卷西风，人比黄花瘦"，还特意将之与贺铸的《青玉案》结尾相比较，后者也是千古名句："试问闲愁都几许？一川烟草，满城风絮，梅子黄时雨。"

龙榆生对比说，两相比较，李词娇柔婀娜、惆怅自怜的天然标格，足以使读者荡气回肠，比起贺铸的词作有更深一层的韵味。在他看来，李清照作词不假任何装饰，只是轻描淡写，而婉转缠绵，揭之无尽，读了令人为之黯然销魂，低回不已。

设想一下，若与之分离的赵明诚读到这阕小令，肯定比其他读者更加黯然销魂吧。毕竟，李清照的风流韵度，没有人比他领略得更多。

相传，李清照写下这首词后，便托人用一纸花笺寄给了赵明诚。赵明诚得信后，叹赏之余，不禁起了逞才好胜之心，一心想写出压倒此作的词来。于是他闭门谢客，花了三天三夜，废寝忘食地填了五十首词。填好后，他将这些词和李清照寄来的词作夹杂在一起，给朋友陆德夫鉴赏。陆德夫玩味再三后，评价说："只有三句绝佳。"赵明诚忙问："是哪三句？"陆德夫毫不犹豫地回答说："莫道不销魂，帘卷西风，人比黄花瘦。"此三句正是李清照所作。

这个故事的有趣之处就在于，在那个"夫唱妇随"的年代，李清照居然凭借其超人的才华，令夫君"妇唱夫随"，不得不甘拜下风。

为什么赵明诚的五十首和作都比不上李清照的三句词？我们可以推而广之地追问，为什么易安体一直被模仿，却从未被超越？

答案可能是，所有的男性词人，他们在代女子作闺词时，设想的闺秀形象，都是作为男性世界的附庸出现的，她们所有的喜怒哀乐都围绕着心爱的男人发生，她们无法忍受孤独，更不能享受独处。

我们来看同时代的两首词：

波上清风，画船明月人归后。

渐消残酒，独自凭栏久。

聚散匆匆，此恨年年有。

重回首，淡烟疏柳，隐隐芜城漏。

《点绛唇》

春已半，触目此情无限。十二阑干闲倚遍，愁来天不管。

好是风和日暖，输与莺莺燕燕。满院落花帘不卷，断肠芳草远。

《谒金门》

前一首的作者是魏玩魏夫人，后一首的作者是朱淑真，都是宋朝时与李清照齐名的女词人。同样是才情出众，但她们好像被困在了"思妇"的身份里面，几乎所有作品不是在抒发离情别绪，就是在自怨自艾。当一个人独处的时候，她们好像完全失去了享受生活的兴致。这才是李清照最终"艳压群芳"的秘密所在，在那个还没有独立女性这一概念的时代，她的身上，已经初步有了独立意识的萌芽，就算身边无人欣赏，她也要"孤芳自赏"，哪怕是国破家亡之后，只要一有机会，她总

是尽量要去追求生命的欢愉。即使历经了沧桑，还是能领略
"枕上诗书闲处好"，有闲情去欣赏"门前风景雨来佳"。

赵明诚的和作写得再精美，但万变不离其宗，写来写去总
是不离传统思妇的范畴，写不出李清照身上那种"独立女性"
的风范。所以就算他再写一百首，还是比不过原作。

可惜的是，李清照身上的这种独特性长期被忽视甚至被误
读，后世对她的评价中，大部分还是倾向于将她塑造成一个
"爱情动物"，一个视爱情为生命主宰的情种，并将她所有的词
作都看成是为赵明诚而作，无形中抹杀了李清照作为独立个体
的光彩和个性。

爱情可能是李清照的主要追求之一，但绝不等同于她生
命的全部，她首先是李清照，其次才是赵明诚的妻子，"自我"
这件衣服，她一直都穿在身上，从来都不曾脱掉。

我们再来看一首名为《感怀》的诗：

> 寒窗败几无书史，公路可怜竟至此。
>
> 青州从事孔方君，终日纷纷喜生事。
>
> 作诗谢绝聊闭门，燕寝凝香有佳思。
>
> 静中吾乃得知交，乌有先生子虚子。

诗前有小序说："宣和辛丑八月十日到莱，独坐一室，平生所见，皆不在目前。几上有《礼韵》，因信手开之，约以所开为韵作诗。偶得子字，因以为韵，作感怀诗云。"

这段短短的序言，真实地描述了她初到莱州时的处境。她是在宣和三年八月十日来到莱州的，到了之后，独自一人坐在房间里，平时那些摩挲赏玩惯了的金石字画无一在眼前。茶几上放着本《礼韵》，百无聊赖之下，她信手翻开一页，以当下看到的子字为韵，写下了这首感怀诗。

从陈祖美开始，不少学者将这首诗解读为"赵明诚另觅新欢，李清照独处一室"的佐证，但如果我们跳出传统的怨妇思维，再来读此诗可能有完全不一样的观感。"青州从事孔方君，终日纷纷喜生事"，是对世人沉迷于物质享受的讥讽，与之相反，我们的诗人则"作诗谢绝聊闭门，燕寝凝香有佳思"，她干脆谢绝宾朋，闭门作诗，好好享受一下独处的乐趣。在这难得的宁静中，她获得了两个难得的好朋友，一个叫作乌有先生，一个叫作子虚子，合起来就是子虚乌有，令人不禁哑然失笑，领悟到才女原来也是懂幽默的。属于古时女子的天地终究是小的，但李清照将这一方小小的天地经营得诗意芬芳，有诗书为伴，有古人为友，精神世界已比同时代的女子要丰富充实得多。

这让人想起她自号"易安居士"，只要能恬淡自安，哪怕是处于只能容膝的斗室中，她也能获得心灵上的安适。李清照一生的坎坷不在朱淑真之下，但她善于自处、随缘自适，南渡后居于陋室之中，也能命名为"易安室"，正因为这种不向外求、本自具足的心态，才能让她始终维持着精神世界的圆满自洽。

第五章

关于失去……

世间万物，有聚必有散

当人生进入"hard"模式

如果要给李清照的人生画一条分界线的话，这条线大概要画在靖康元年（1126年）。在此之前，她是养尊处优的贵族女子，眼之所及都是晴空丽日，偶有萧条风雨，也很快就会转晴，但在1126年之后，她一脚踏入了人生的冬天，生活从"easy"模式骤然进入"hard"模式。

大宋的覆灭，其实早就有了迹象。自从宋太祖"杯酒释兵权"之后，大宋就形成了重文轻武的时代特色。北宋王朝在和北方少数民族的交战中，历来处于弱势的地位，只能每年向外缴纳岁币，以金帛来换取暂时的和平。北宋周围对其虎视眈眈的国家，先有辽，后有金，连西夏这样的小国，也能用武力来威胁北宋乖乖缴纳岁币，可见堂堂大宋的军事力量虚弱到了什么地步。

宋徽宗赵佶上台后，其轻佻的个性加速了北宋的灭亡。赵佶是皇帝中的纨绔子弟，精通艺术，对政治则一窍不通。对内，他在蔡京等人的撺掇下，大肆搜刮花石纲，逼得方腊等造反；对外，他好大喜功，为了对付辽国，居然想出了"联金攻辽"的昏招。

他可能以为这是个妙计，却不料完全是一出昏招。宣和二年（1120年），北宋与金结盟攻打辽国。正是在此次战役中，金军发现，原来看似强大的宋军实则军纪涣散、不堪一击。宣和四年，金军顺利地攻下了辽都中京，作为盟军的宋军无不欢呼雀跃，却不知道，他们已将弱点完全暴露给了金军，即将迎来才出狼穴、又入虎口的命运。

在击败辽军三年之后，金兵即大举南下，直取北宋的都城汴京。宋徽宗大惊之下，又想出了一着推卸责任的昏招，急急忙忙把皇位传给了儿子赵桓，是为宋钦宗。所幸在军士们的竭力抵抗下，金兵搜刮了金银财宝后就退军了。

钦宗可能是大宋最倒霉的皇帝了，上位不到一年，金兵就又来攻打汴京了，这一次远比上次顺利，金军很快就攻陷了京城。徽宗连同其替罪羊钦宗一同被俘，他们和三千多名赵氏宗室及大臣被金兵押往金国。

堂堂一国之君，在去往金国的泥涂中，被异国的士兵呵斥如牛马，连大小便也不容停下来解决。一路上哭声震天，臭不可闻。徽宗本人曾掉到河水里，差点被淹死，又被拉了起来，一直被赶到北方的苦寒之地。

也许淹死对他来说反而是种解脱，到了金国之后，他和儿子钦宗分别被封为"昏德公"与"昏德侯"，在白山黑水之间过完了屈辱的一辈子。在那里，他曾无数次回望万里江山，却再也没有机会重新回到故乡。

徽宗第九个儿子康王赵构，因被派往河北，堪堪逃过一劫。这位原本毫无继位可能性的皇子，已是大宋皇朝唯一的继承者。在臣子们的拥立下，他于南京应天府（今河南商丘）匆匆即位，是为宋高宗。北宋王朝正式落下帷幕，宋朝由此进入了偏安一隅的南宋时代。

金军破城之日，正是靖康元年，史称"靖康之耻"。这是一场令所有宋人蒙羞的耻辱，但凡有点血性的人，都对这场耻辱念念不忘，南宋爱国名将岳飞就在《满江红》中说："靖康耻，犹未雪。臣子恨，何时灭！"

徽宗赵佶为他的轻佻付出了惨重的代价，多少算是咎由自取，真正可怜的是汴京城内乃至举国上下那些无辜的老百姓。城破之后，这些手无寸铁的百姓只能任人荼毒，金人一路奸淫掳掠，烧杀抢夺，他们到达汴京后，将城外宗室的墓一一掘开，用棺材做马槽，将尸体抛于荒野，导致瘟疫暴发，尸横遍野。

大好河山，从此悉数沦陷在金人铁蹄之下，老百姓们纷纷向南逃亡，逃不掉的就不得不留在北方，被迫接受暴虐的统治。

国破的消息传来时，李清照夫妇还在淄州境内。可以想见，他们的心情有多沉痛，汴京城，这座当时世界上最繁华的城市之一，留下过他们多少的欢声笑语，转眼间就在金人的肆虐下灰飞烟灭。

她和赵明诚，本来只想偏居在山东一隅，远离朝堂上的纷争，远离政治上的勾心斗角，与世无争，与人无尤，安安静静地老于是乡。可在战火纷飞的年代里，谁都没办法独善其身，战争的残酷之处，就在于会将每一个无辜的人都卷入其中。

这是乱世中人共同的命运。生在乱世，无人可以幸免。

就在他们伤感之际，家中传来噩耗，赵明诚的母亲郭氏在江宁去世了。得知消息后，赵明诚当即赶赴江宁奔丧，李清照则打理完青州家中的文物后再赴江宁和他相聚。

对于李清照来说，江宁是一处伤心地，它既是她南下的第一站，也是她逃亡的始发站。她在后半生，成为流寓他乡的异乡人。从此地出发，她开始从异乡回望故乡，一种深沉的家国之思取代了曾经的儿女情长，让她的词风由清新变为沉健。

她到江宁时，赵明诚已任江宁知府。显然新晋为皇帝的宋高宗很重视赵氏兄弟，赵明诚三兄弟都官居要职。江宁是南方重镇，宋高宗一度拟将江宁定为首府，令赵明诚镇守江宁，可见对他的厚待。

亲人们久别重逢，又兼夫君新官上任，这一年的上巳节，李清照夫妇在家中设宴，款待前来祝贺的亲朋好友，事后李清照挥笔写下了一首《蝶恋花》：

> 永夜恹恹欢意少。空梦长安，认取长安道。为报
> 今年春色好，花光月影宜相照。
> 随意杯盘虽草草。酒美梅酸，恰称人怀抱。醉莫
> 插花花莫笑，可怜春似人将老。

"永夜恹恹欢意少"，恹恹二字，奠定了这次家宴的基调——这注定是一次强颜欢笑的聚会。

李清照此时的生活，正如暴风雨之前的短暂宁静，所以她才有闲暇来召集亲戚们聚会饮宴，草草杯盘，虽有些简单，但

有酒菜，有梅子，也可供亲友们一醉了。可惜的是，美好的春光月色，精心准备的梅子美酒，都不足以给词人带来欢乐，反而勾起她的万千心事。

花光月影之间，酒美梅酸之际，本应开怀畅饮才是，词中却始终笼罩着一层愁绪。这愁绪，不是悲春，不是伤离，而是一种对故国的深沉思念。

"空梦长安，认取长安道"，长安本是汉唐时的故都，常被后人用来代指京城，李清照心目中的长安，便是北宋的都城汴京。在梦里，她仍清楚地记得那里的大街小巷，可见其忆念之切，但那也只是在梦里而已，一个"空"字，可见其失望之深。

酒宴之上，词人一直试图自我开解，借酒消愁。最后她终于如愿以偿地醉了，"醉莫插花花莫笑，可怜春似人将老"。插花本是北宋洛阳人的风俗，欧阳修在《洛阳风俗记》中有载："洛阳之俗，大抵好花，春时城中无贵贱皆插花。"李清照由北方逃到江宁，一插花就会引起故国之思，所以她才提醒自己"莫插花"，插花的话，一怕又起思乡愁绪，二怕自己芳华已逝，恐要遭到他人的嘲笑。

年年岁岁花相似，岁岁年年人不同。花谢了明年还会再开，春去了明年还会再来，可人老了却没有岁月可回头，今生今世，她怕是再没有机会重返北地，插花满头了。她已失去了家园，失去了故国，又失去了青春，这才是最令人悲伤的事情。

对比年轻时的恣意飞扬，李清照的词中多了一种沉甸甸的意味。这种意味，只有饱经沧桑的人才能够体会得到。至此，她已经正式和青春作别，进入了哀乐中年。所谓哀乐中年，是指人到了中年之后，痛苦和欢乐的感受都远比年轻时更为深刻真切。

人到中年，似乎格外容易伤感。《世说新语·言语》中记载说："谢太傅（谢安）语王右军（王羲之）曰：'中年伤于哀乐，与亲友别，辄作数是恶。'"。多情之人，与亲友离别都会伤怀数日，何况是像李清照这样远离家乡，痛失故土。

这亡国之恨，思乡之情，如何才能够忘却呢？在大约作于这一时期的《菩萨蛮》中，李清照给出了自己的答案：

　　风柔日薄春犹早，夹衫乍著心情好。睡起觉微寒，梅花鬓上残。

　　故乡何处是？忘了除非醉。沉水卧时烧，香消酒未消。

南方的春天总是来得比北地早一些，江南的春光本就妩媚之极，早春时节，虽说阳光还比较微弱，春风已变得柔和，天气渐渐暖和起来。词人早早地脱下了臃肿的冬装，换上了春日的夹衫，沐浴在这吹面不寒的杨柳风中，心情也无端好了起来。

但毕竟春寒料峭，她一觉醒来之后，觉得微微有些冷，鬓上斜插的梅花也已凋残。她忽然惊觉，自己所处的地方，并非熟悉的故园，而是异地他乡。

她的心情一下子由欢欣转为低落，忍不住吟出了"故乡何处是？忘了除非醉"。这实在是饱含痛楚的悲呼，说明她无时无刻不在思念着她远方的家园。在并不遥远的北方，她的出生地明水，她成长的地方汴京，她甘心老于是乡的青州，都已化为金军治下的沦陷地。

正因为思乡之情将她折磨得无时无息，她才只好遁入醉乡，借一醉来暂时停止对故乡的思念。她之所以如此强烈地盼望着能够"一忘"，不仅是因为日夜思乡太过痛苦，更因为回乡的无望。以南宋的怯弱，根本没有收回失地的希望。故乡，是注定回不去了，只有在醉梦中，才能故地重游。

沉水香是她临睡前焚烧的，等梦醒之后，香气已经消散，酒意却未曾消散，同样不曾消散的，还有她梦里也忘不了的乡情乡思。

"故乡何处是？忘了除非醉"，这种思念故园的悲呼，足以与李煜的"梦里不知身是客，一晌贪欢"媲美。同为异乡沦落客，他们一个借酒来消愁，一个借梦来逃避，可醉时梦中的片刻欢愉，终究驱散不了萦绕在胸的悲情郁怀，故国早已不堪回首，可他们总是忍不住频频回首，明知不该想却又偏偏去想，想忘掉偏偏又记起。

作为一个异乡人，南方与北方迥异的风物，无一不勾起李清照客居他乡的痛苦，一个雨夜，雨水敲打在芭蕉叶上，淅淅沥沥不停，扰乱了她的清梦。一直难以入眠的她忍不住披衣起床，挥笔写下了这首芭蕉词：

> 窗前谁种芭蕉树？阴满中庭。阴满中庭。叶叶心心，舒卷有余情。
>
> 伤心枕上三更雨，点滴霖霪。点滴霖霪。愁损北人，不惯起来听。

芭蕉是南方常见的植物，北方却属罕见。芭蕉叶子阔大，蕉心长卷，一叶叶，一层层，不断地向外舒展，南方人爱将其种在庭前，欣赏其自由舒展的姿态。

雨夜芭蕉同雨夜梧桐一样,是秋日里最撩人愁绪的景象,更何况这卧听雨打芭蕉的,是一个流寓于南方的北方来客。

读李清照的词,常会误以为她是个灵秀温婉的江南女子,实际上她生于山东,长于汴京,是位不折不扣的北方女子。看惯了北方灿烂的阳光,熟悉了北方干燥的天气,突然来到这江南烟雨之地,夜听雨打芭蕉之声,一声声,一滴滴,都打在她的心上,刺痛了她的"故园心""离人耳"。

当时流落南方的"北人",又何止李清照一个,随着宋室南迁,千千万万北方的老百姓不得不逃离故土,流落他乡。南方的雨,一点一滴都落在他们的心上,让他们的心中一片潮湿。江南的雨,看在北方来客们的眼中,点点都是离人的泪。

江南,原本是许多人向往的地方,暮春三月,草长莺飞,杂花生树,多少文人墨客为之尽情讴歌。江南有二十四桥明月夜的旖旎,有"春水碧于天,画船听雨眠"的情调,可对于李清照这样的北方人来说,江南再美,也不是他们的故乡。

宋高宗定都临安后,经济得到恢复和发展,临安成为世界上最为繁荣美丽的大城市,胜于当年东京。据《梦粱录》卷十九记载:"自高庙(宋高宗赵构)车驾由建康幸杭驻跸,几近二百余年,户口蕃息,近百万余家。杭城之外城,南西东北,各数十里,人烟生聚,民物阜蕃,市井坊陌,铺席骈盛,数日经行不尽，各可比外路一州郡，足见杭城繁盛矣。"

李清照人生中最后二十年大致是在临安度过的，对于李清照这样难忘故土的人来说，永远也做不到真的将杭州当成汴州。她生平酷爱湖山之游，杭州美景天下冠绝，西湖更是闻名全国，让人疑惑的是，她的作品中从无关于西湖的只言片语，为何会如此？

近人夏承焘所作的《瞿髯论词绝句·李清照》中，似乎给出了一种答案："过眼西湖无一句，易安心事岳王知。"

岳王即岳飞。岳飞和李清照，一男一女，一武一文，爱国情操却是相似的，他们的诗文中，都从未提过西湖，可能在他们看来，西湖的温风软水，柔了宋人的心志，"东南妩媚，雌了男儿"，宋人留恋于此地的美景，再也无心收复中原，抗金杀敌。

对于李清照来说，对于千千万万流落南方的北宋遗民来说，江南就是这样一个地方，"那都是很好很好的，可是我偏不喜欢"。

他们不是固执，他们只是依恋自己的故乡。可他们念兹在兹的故乡，却再也回不去了。不愿意歌颂西湖之美的李清照，也只能终老在这柔媚的青山绿水之间，在追忆中了此一生。

吹箫人去玉楼空

有些人只可以共富贵，却无法同患难，赵明诚可能就是这种人。在镇守江宁时，他曾经做过一件令李清照蒙羞的事。

那是高宗建炎三年二月（公元1129年），已经在江宁担任了一年半知府的赵明诚收到一纸调令，即将转任湖州知州。就在他还未赴任的一天深夜里，江宁发生兵变，御营统制官王亦企图谋反作乱。此事被江宁转运副使李谟发现了，他赶紧通知了赵明诚。

赵明诚自认为已收到调令，不再是江宁知府，居然选择了对兵变之事袖手旁观。这样的逻辑，简直可笑。在兵变危及百姓生命财产安全的时候，任何一个有良知、有责任感的官吏都不会弃百姓于不顾。

幸好李谟是个有担当的人，当发现长官置之不理时，他以一己之力承担了护城的责任。他调动自己手下的部将，又召集了一些民兵，埋伏在乱兵必经的道路两旁。有了他的有力防范，乱兵最终无法攻入江宁城内，只得从南城门逃亡而去。

对比起来，更凸显赵明诚的怯懦。当李谟第二天进城向他汇报时，才发现这位江宁城的最高长官，昨夜已与通判毋丘绛、观察推官汤允恭一同"缒城宵遁"了。也就是说，这三位江宁的父母官，在叛兵来袭之夜，偷偷地从城墙上吊下绳子，狼狈不堪地逃跑了。

这样的事，实在是太不光彩、太过龌龊了。不管赵明诚拿出什么样的理由来，都不足以为他开脱。

这可能是赵明诚生命中一个无法抹去的污点，当他和另外两位长官一起连夜逃走时，可曾想过，如果乱兵攻入城中，遭殃的不仅是满城百姓，还有他相伴数十载的妻子。可以想见，得知丈夫抛下自己连夜逃跑的事之后，李清照的心情有多么沉痛和无奈。

面对他的懦弱和自私，她还是选择了包容和谅解。她本来是个眼里容不下一粒沙子的人，此刻却无法苛求丈夫，多年的相濡以沫，早已将两人的命运系在一起，一荣俱荣，一损俱损，她没有办法割舍掉对他的依恋，那就只有将那些悲凉和难堪都拼命咽下去。

事发之后，赵明诚遭到了罢官的处分，江宁待不成了，湖州也不用去了，他们只得买舟在安徽芜湖、当涂一带游弋，并准备在赣水之滨定居。路过乌江时，他们上岸拜谒了霸王祠，李清照有感于西楚霸王的英雄气概，挥笔写下了这首辉映千古的《夏日绝句》：

生当作人杰，死亦为鬼雄。

至今思项羽，不肯过江东。

这首诗又是她"倜傥有丈夫气"的一个力证，短短二十字，却写得力透纸背，壮怀激烈。西楚霸王项羽是一个悲剧英雄，楚汉相争时，他被刘邦逼到乌江一带，身边士卒尽亡，只剩下了一匹乌骓马。乌江亭长准备了一艘船，劝他说："江东地方虽不大，但也可以聚集数十万人马，大王您还是先渡江再说吧。"项羽却仰天长笑，说："这是天要亡我啊。当年我项羽率领江东子弟渡江而来，屡战屡胜，创下了多少丰功伟绩，如今他们全部战亡了，我还有何面目见江东父老？"说完后就拔剑自刎了。

项羽慷慨赴死的气概，数百年后仍令心怀热血的人追慕不已。李清照此诗，正是称赞他活得顶天立地，即便是死也死得光明磊落，这样的盖世英雄，岂不胜过那些缩头缩脑、只知道望风就逃的无胆鼠辈们！在她看来，宁肯杀身成仁，也好过苟且偷生。

真不知道身为她的夫君，赵明诚看了这首诗后会作何感想。他有过临阵脱逃之举，和妻子的豪气干云一对照，是否也会暗暗觉得羞愧？

从这首诗可以看出李清照胸襟格局都远远超过赵明诚，或许这么多年以来，在这段婚姻里，她一直都是在向下兼容，但当真正的考验到来时，这对看上去水平相若的夫妻高下立判。

宋高宗建炎三年（1129年）五月，就在被罢官后不到三个月，赵明诚和李清照辗转到了池阳（今安徽贵池），就在这里收到了朝廷的旨意，他被重新起用为湖州知府。可见在那样的形势下，临阵脱逃的大有人在，朝廷正在用人之际，只是象征性地处罚了他一下，很快就委以新任了。

此时宋高宗在金人的追击下，暂时居于江宁，并将江宁改名为建康。按照当时的惯例，被重新任命的官员需要亲自觐见皇帝，以谢恢复官职之恩。赵明诚接到朝廷的命令后，立刻就启程回建康复命，由于时间紧迫，他们携带的文物又多，只得让李清照暂时安顿在池阳，等他面圣后再一起赴湖州上任。

分别对于李清照来说早已成了常态，可这次的骤别，却让她有些猝不及防，对未来隐隐产生了不祥的预感。许久以后，她回忆起当日与赵明诚分开的情景，那一幕清晰得如在眼前：

> 六月十三日，始负担，舍舟坐岸上，葛衣岸巾，精神如虎，目光烂烂射人，望舟中告别。余意甚恶，呼曰："如传闻城中缓急，奈何？"戟手遥应曰："从众。必不得已，先弃辎重，次衣被，次书册卷轴，次古器。独所谓宗器者，可自负抱，与身俱存亡，勿忘之！"遂驰马去。

她清楚地记得，那是建炎三年六月十三日，赵明诚将行李安顿好后，坐在岸上，换上了葛制的夏衣，头上缚着头巾，精神十分振奋，就像猛虎一样富有生气，一双眼睛光彩灼灼，望着船内与她告别。

他可能是急于回建康城中一洗之前的耻辱，所以离去得如此匆忙。临行前，他意气风发的样子永远铭刻在了她的脑海中，这是他留给她最后的画面。

而李清照的心情显然是有些忧虑的，她独处舟中，对着岸上即将离开的夫君喊道："如果池阳城里局势恶化，我该怎么办呢？"赵明诚叉着手，遥遥对她说："就随着众人一起逃吧。迫不得已的话，就先扔掉那些笨重的行李，其次是衣服被褥，再次是书画卷轴，最后是古董器皿。只有那些祖宗牌位等宗室礼器，一定要牢牢地带在身边，必须要和宗器共存亡，切记切记！"说完就骑着马一溜烟而去。

他们分开之后，李清照那种不祥的预感很快就应验了，只是她万万没想到，出事的不是自己，而是分别时还生机勃勃的赵明诚。

七月底，留在池阳的李清照收到了一封家书。在信中，赵明诚告诉她，自己一路纵马奔驰，劳顿不堪，又逢天气炎热，不幸染上了疟疾，已病倒在建康。

得知这个消息后，李清照忧心如焚，她非常了解丈夫的个性，知道他性子特别急，一发热病的话，肯定会急着吃清热的寒药，寒热相冲，病情只怕会更加严重了。

收到信后她立即起程，连夜从池阳乘船赶往建康，一日舟行三百里，恨不得能马上飞到建康城中。

可她还是慢了一步，等赶到建康时，赵明诚果然如她所料，吃了大量清热的柴胡、黄芩等药，不仅疟疾没控制住，还患上了痢疾，病上加病，已经回天乏术了。尽管有妻子的悉心照料，他的病还是一天重于一天，已经没有好起来的可能了。

八月十八日，一病不起的赵明诚取笔作绝命诗，临终前"殊无分香卖履之意"，没有给妻子留下任何身后之事的交代，就撒手而去了。

赵明诚的猝然离世，对李清照来说无异于五雷轰顶。这一年，她四十六岁，赵明诚才四十九岁。

赵明诚下葬之后，李清照挥泪为他写下了一篇祭文，全文已佚，只留下一对残句："白日正中，叹庞翁之机捷；坚城自堕，怜杞妇之悲深。"李清照以杞妇自比，可见在她心目中，夫君赵明诚就像家中那坚固的城墙，如今这万里长城都塌了下来，她再也无处可以依靠，一念至此，怎能不泪如雨下，痛彻心扉！

赵明诚并不是个十全十美的爱人，他也许不够有担当，在叛军入城时只顾着自己逃命；也许少了点体贴，临终时都没有给她留下几句叮咛；可能还曾留恋花丛，逢场作戏。但以那个时代的标准来说，他算得上是李清照的佳偶了，至少他欣赏她，包容她，发自内心地爱慕她。他们是相爱的。

赵明诚去世之后，李清照的诗词中多了一类主题——悼亡。李清照的悼亡诗词，是文学史上少见的妻悼夫、女悼男之作，和苏轼等人的作品相比，表达情意多了一份细腻，添了一些女儿家的情怀。一件罗衣、一枝梅花都能勾起她对昔日的追忆。梅花又到了绽放的时候，当年为她折梅簪花的那个人却永远不在了，她只有借手中这支笔，来书写对他的绵绵思念：

藤床纸帐朝眠起，说不尽无佳思。沈香断续玉炉寒，伴我情怀如水。笛声三弄，梅心惊破，多少春情意。

小风疏雨萧萧地，又催下千行泪。吹箫人去玉楼空，肠断与谁同倚。一枝折得，人间天上，没个人堪寄。

词前有短序说，"世人作梅词，下笔便俗。予试作一篇，乃知前言不妄耳。"开门见山地点出了词的主旨是咏梅，但与其说这是一首咏梅词，倒不如说这是一首悼亡词，其情感的真切与力度，足以与苏轼悼亡妻的"十年生死两茫茫"相媲美。

一个春寒料峭的早上，她在藤床上醒来，还带着些睡意，四周挂着梅花纸帐，环境是那样清雅，心情却没办法好起来。房间里只有时断时续的香烟做伴，后来香燃尽了，香炉也渐渐冷却，她的心绪就像水一样清冷幽寂。窗外忽然响起了《梅花三弄》的笛声，催绽万树梅花，带来春的消息。

此刻这笛声却只让她心碎，屋外又下起了潇潇小雨，屋里的人眼泪更是止不住地流淌。人去楼空，再也没人与她共享这美好春光。就算是折下一枝开得正好的梅花，也不知道能寄给谁了。

词中又一次用到了弄玉和箫史的典故，曾几何时，她和赵明诚，也像这对神仙眷属一样双宿双栖，如今她的吹箫人一去永不复返，只留下她在这座空楼中独自徘徊。他们一个在人间，一个在天上，再也没有相聚的可能了，死亡就像一面滤镜，遮住了逝者曾有的缺点，同时也放大了他的优点。和生离相比，这般残酷的死别更叫人痛断肝肠。

这首词的词牌名叫《孤雁儿》，大雁对爱情极为忠贞，元代诗人元好问曾经在去太原的路上遇到过一个捕雁人，此人告诉元好问，他曾经捕杀了一对大雁中的一只，另一只逃出网的大雁并不飞走，而是悲鸣着投地而死。元好问有感于此，将这对大雁合葬之后，还写出了一首《摸鱼儿》，"问世间，情是何物，直教生死相许"的千古名句就出自于此词。

失去了赵明诚的李清照，就像一只落了单的孤雁，形单影孤地活于这世上，再也找不到可以比翼双飞的爱侣。

从今往后，渺万里层云，千山暮雪，只影向谁去？

和赵明诚有关的作品，最著名的不是那些词，而是名垂青史的《金石录后序》，此序不仅是一篇精彩的金石学序文，更是一篇生动的传记，可以看作是李清照和赵明诚的合传。它提供了李清照夫妇生平的第一手资料，若要对他们有所了解的话，绕不开此篇文章。

李清照和赵明诚成为文学史上人人称羡的佳偶，《金石录后序》居功甚伟。如果不是这篇序文，人们对这对伉俪的印象，可能与对赵孟頫和管仲姬、纳兰容若和沈宛等人一样模糊。

此序写得相当个人化，李清照以深情细腻的笔触，娓娓动人地叙述着她和赵明诚之间情投意合的故事，她写此文时，也和她填词作诗一样无所顾忌，披露了众多不为人知的细节，正是通过这些点点滴滴的细节，他们夫妻的形象才蓦地鲜活清晰起来。

这篇《金石录后序》，既是一曲凄婉的哀歌，也是一篇沉挚的悼文，李清照以感伤的笔触，详细记载了她和赵明诚的往昔。他们之间的悲欢离合，与所集碑铭的得失相始终，堪称一段金石奇缘。

那些日积月累收藏而得的藏品已再散落各方，不知其终，可夫妻间收集文物的甜蜜记忆却一直镌刻在她的心中，任谁也无法夺走——那是比金石还要牢固得多的深情，不会因离别而褪色，也不会被战火摧毁，亦不会被时光磨灭。

李清照将此篇序文附在《金石录》之后，并于数年之后将之一并进献给朝廷，希望能刊行面世。赵明诚去世之前，虽没有留下遗言，但以她对他的了解之深，肯定知道让《金石录》流传于世是他的生平所愿。

斯人已逝，再多的悲哀也无济于事，对于她来说，在这尘世中完成他未竟的事业，才是对他最好的纪念。

世间万物，有聚必有散

　　自从汴京城破那一天，李清照仓皇南渡，一路都在不停地失去，失去故乡、失去故国、失去丈夫，以及失去那些曾经费尽心血搜集的文物。

　　"闻金寇犯京师，四顾茫然，盈箱溢箧，且恋恋，且怅怅，知其必不为己物矣。"当大难临头时，李清照环顾着这些年来收集的文物字画时，心中一片茫然，这些装满了一个个箱子的文物，凝聚了她和赵明诚多少的心血啊。每一件，每一样，一张画，一纸书，都是他们珍爱不已的宝贝。她的目光在这些珍品上一次次流连，可能已经预感到，这些都将流落四方，无法为自己所有了。

她描述自己此刻的心情，"且恋恋""且怅怅"，她为之恋恋不舍的，不仅仅是这些文物珍品，更是那一去永不回的宁静书斋生活。

尽管心知即将散失，他们对这些文物还是进行了周密的安排：

> 既长物不能尽载，乃先去书之重大印本者，又去画之多幅者，又去古器之无款识者，后又去书之监本者，画之平常者，器之重大者。凡屡减去，尚载书十五车。至东海，连舻渡淮，又渡江，至建康。青州故第，尚锁书册什物，用屋十余间，期明年春再具舟载之。

由于所藏文物过多，他们不得不忍痛割爱，放弃了那些过重过大的书籍，以及未有标识落款的古器、比较易得的普通书画，剩下的居然还有十五车之多。这十五车珍品文物，由赵明诚负责运往江宁。至于李清照，并没有一起前往江宁，而是回到了青州老家。按照夫妻间的约定，她的任务是暂时留在青州，将留在此地的大量文物字画翌年春天再运往江宁。

即使李清照冒着遭遇战争的危险留在了老家，青州的文物还是没有保住。建炎元年秋，青州发生兵变，同年十二月，金兵攻入青州，旧居中的藏物竟然被付之一炬，"凡所谓十余屋者，已皆为煨烬矣"。他们费尽心力营造的一方世外桃源，就此毁于战火。李清照就如走出了桃花源的捕鱼人一样，再也回不到那落英缤纷、芳草鲜美的人间仙境了。

危急之中，李清照无力保全所有的藏品，只得将一些小件的珍品带在身上，匆匆奔往南方，在镇江时又遭遇强盗，等到了江宁时，手上就只剩下了《赵氏神妙帖》等寥寥几件藏品了。

《赵氏神妙帖》为北宋著名书法家蔡襄所书，赵明诚在汴京时花了二十万钱从东京章氏人家购买而来。他认为此物历经兵变和盗匪仍能得以保存，是冥冥中有神明庇佑。赵明诚此言差矣，此帖的保全，与其说归功于神明，倒不如说归功于他的妻子，若没有李清照的话，此帖怕早已流落无踪了。

安葬好赵明诚后，李清照大病了一场，病愈之后，上天没有给她太多喘息的时间，金兵又开始南下攻掠，宋高宗闻风而逃。还沉浸在丧夫之痛中的李清照蓦地意识到，这个时候，已经不容许自己继续感伤下去，因为她还有更重要的任务，那就是保护好手头的古器字画，那是她和亡夫爱情婚姻的见证，她知道，赵明诚将这些收藏品看得比性命还要重，绝不能任其流落在金人的手里。

这时李清照手里还有约两万卷书、约两千卷金石刻以及其他一些藏品，作为一个孤寡弱孀，手头有这么多宝物，是很容易招人眼红的。觊觎这批藏品的大有人在，赵明诚去世还不到一个月时，御医王继先来到她家里，提出要拿三百两黄金买下她手中的古物。王继先是高宗的御用医生，深得皇帝宠信，他此举极有可能是高宗的授意。幸好赵明诚的表兄谢克家正任兵部尚书，闻讯后对高宗进言说："这样的行为恐怕有伤皇上您的圣德。"高宗这才让王继先罢手，让李清照保全了赵明诚留下来的藏品。

从建炎三年七月开始，金国大将金兀术先后攻取南京（今河南商丘）、滁州（今安徽滁县）等地，宋高宗派人前往求和，但金军置之不理，仍然大举发兵。

建康城已经岌岌可危，宋高宗仓皇逃走，仍在城中的李清照第一时间考虑的不是自己的安危，而是手头文物的安置。危急之下，她考虑到将这些藏品托付给赵明诚任兵部侍郎的妹夫李擢，他正在洪州（今江西南昌）护卫逃到此地的隆裕皇太后。这样的考虑不得不说还是比较周全的，当时金军的兵力集中在建康一带，洪州相对来说安全些。

她当机立断，派赵明诚生前的两名属下，将其中的大部分藏品都运往洪州，交给赵明诚的妹夫保管，总算是为这批数量巨大的藏品找到了一个还算妥善的安置之地。等藏品安置好了，她这才有心思考虑起自己该何去何从的问题。

有句话说"匹夫无罪，怀璧其罪"，李清照夫妇因为拥有着让皇室也为之动心的宝贵文物，所以遭受了许多流言蜚语，"玉壶颁金"的传言即是一例。赵明诚八月病重时，有个叫张飞卿的人拿了一把玉壶前去让他鉴定，赵明诚看了后说："这不是玉，是珉。"珉比玉的价值要低得多，张飞卿听了后很不高兴，拿着壶走了，后来据传他将这把玉壶献给了金人。赵明诚病逝后，这件事传来传去，就变成了是他托张飞卿将壶献给金人的，更有谣言说赵明诚在世时就有意通敌。

玉壶事小，通敌叛国的罪名可太大了，李清照听了之后，惊惶得不敢申辩，为了洗脱造谣者强加在赵明诚身上的罪名，她决定将手中剩余的古铜器全部捐献出来，送给宋高宗。是以高宗逃离建康后，她立即动身一路追赶，以期追上高宗。

金兵于建炎三年十一月破建康，城破之前，李清照带着剩下的文物书画，仓促逃离了此地。逃亡途中，她收到了一个不幸的消息：金军此次南下，原来是兵分两路，一路直追宋高宗，一路往洪州追击隆裕皇太后。当年十二月初，金兵攻陷洪州，两年前从淄州运往建康，又转运往洪州的"连舻渡江之书，又散为云烟矣"。这些古籍文物是他们夫妇耗财费力一件件搜集来的，南渡时装了满满十五车，顷刻之间却化为了云烟。

上次青州兵变，十余屋收藏物尽数化为灰烬，这次洪州城破，十五车古籍器物又散为云烟。他们一生的心血，经过这两次战火的洗劫之后，已经失去了大半，李清照得知这样的消息后，心情可想而知有多沉痛。

这时她身边还带有少量文物，据《金石录后序》记载，"独余少轻小卷轴书帖，写本李、杜、韩、柳集，《世说》《盐铁论》，汉唐石刻副本数十轴，三代鼎鼐十数事，南唐写本书数箧"，这些都是她爱逾性命的文物，甚至在病中也爱不释手，特意搬在室内把玩，才得以在战火之中"岿然独存"。

对于这些侥幸存留下来的文物，李清照无比珍爱，"爱惜如护头目"。可谁能够料到，就连这些仅余的遗珍她也无法保存下来。

这些宝物后来至少经历了两次大的劫难：一次是李清照追寻皇帝至越州（今浙江绍兴）时，听闻宋高宗已经到了明州（今浙江宁波），她不敢再耽误，赶紧托人将手中的青铜器、手抄本等物带到紧邻明州的剡州，打算由此再转交给明州的高宗。谁料这批文物刚到达剡州，当地就发生了叛乱，这些文物被平叛的官军悉数拿走，落到了一个姓李的将军手里。而李将军病故之后，文物的下落便也成谜了。

之前她所说的那批所谓"岿然独存"的珍品，一下子又失去了十之五六。只是经过了这次变故之后，"玉壶颁金"的谣言总算不攻而破了，她以一路的追赶和失去珍贵的藏品为代价，终于洗刷了他人对赵明诚的中伤污蔑。

另一次劫难则是发生在她寄寓于越州时。建炎四年二月，金兵总算从杭州退兵，宋高宗赵构也暂时在越州安顿了下来，并改年号为绍兴，隐含中兴之意。

绍兴元年（1131年），李清照租住在越州一户姓钟的人家里。此时她手里只剩下六七箱书画古籍，对这些好不容易保存下来的宝贝，她不放心放在其他地方，于是索性将它们放置在自己的床榻之下，平时总是亲手开启箱子，不许旁人接触。

可是谁承想贼人偷偷将她卧室的墙壁打穿了一个大洞，并趁夜从洞里进入，轻而易举地拿走了她精心藏于床底下的五箱书画卷册。李清照发现之后悲恸不已，连忙出重金赎买被盗之物。

仅仅两天之后，住在隔壁的邻居钟复皓拿来十八轴画卷，请求赏金。李清照这才明白，原来盗贼就在眼前。她明知是他偷去的，却无力和他计较，只得按赏金赎买。她还苦苦央求钟复皓将其他的物品卖给她，可惜他再也不肯透露半点口风。多年以后，她才知道，余下的字画都被福建路转运判官吴说以极低廉的价格购得。但知道又如何，乱世中自身尚且难保，只能徒唤一声奈何了。

至此，这些她拼了命保全下来的藏品，已经是十去八九，只剩下寥寥几种书册画帖，但她仍然像爱护自己的眼睛与头一样爱护着它们，这样的行为在旁人看来不免有些傻气，只有懂得的人才能明白她的痴心。

赵明诚走了之后，她拼尽全力去履行当日的诺言，可即便如此，她还是一点点地失去了丈夫的遗物。随着这些东西的散佚，她失去的，并不仅仅是文物，还包括她和赵明诚曾经悉心构造出来的那个小小的美好世界。

她眼睁睁地看着这个美好世界一点点瓦解掉，却什么也做不了。这种无奈和哀伤，远比国破家亡还要让人沉痛。

金石书画的不断散佚，是李清照后半生中一大痛处。痛定思痛，她不禁对自己和亡夫过分痴迷于文物收集的行为进行了深刻的反思。在《金石录后序》的最后两段，她这样写道：

昔萧绎江陵陷没，不惜国亡而毁裂书画；杨广江都倾覆，不悲身死而复取图书。岂人性之所著，死生不能忘之欤？或者天意以余菲薄，不足以享此尤物耶。抑亦死者有知，犹斤斤爱惜，不肯留在人间耶。何得之艰而失之易也！

呜呼，余自少陆机作赋之二年，至过蘧瑗知非之两岁，三十四年之间，忧患得失，何其多矣！然有有必有无，有聚必有散，乃理之常。人亡弓，人得之，又胡足道！所以区区记其终始者，亦欲为后世好古博雅者之戒云。

文中引用了两个例子，梁元帝萧绎在都城江陵陷落的时候，他不去痛惜国家的灭亡，而去焚毁十四万册图书；隋炀帝杨广在江都遭到覆灭，不以身死为可悲，身死后其魂魄仍把唐人载去的图书重新夺回来。这两个亡国之君，都是将所藏图书看得比自己的生命还重要，国破身亡后仍执迷不悟。

借用这两个故事，李清照反问自己：难道也要像梁元帝和隋炀帝这样，对身外之物执迷到这种程度，至死仍不知悔悟吗？

李清照写这篇文章时，已经五十四岁，个人生活几经曲折，与丈夫共同收藏的文物不是失于战火，就是遇贼遇盗，存之无多。

回首往事，书画铭文也好，夫妻恩爱也罢，无不如云烟过眼，转眼成空。她终于醒悟，世间万事，就如梦幻泡影，终归于一空而已。再丰厚的收藏也免不了散佚的命运，再恩爱的夫妻也终究要离别，万物万事，"有有必有无，有聚必有散"，这才是永恒不变的常理，有人失了弓，就有人得到弓，又何必斤斤计较。她写这篇序文，也是为了提示后世的好古博雅者，实在不必太过执着于得失。

这是极其凄苦无奈之言，也是她看透人生的一种彻悟，李清照的旷达可见一斑。

李清照自己看开了，却自有热血之士为她在会稽遇盗抱不平，甚至有偏执者对绍兴籍的钟姓人士也"恨屋及乌"。在四百多年之后，明代的内阁大学士张居正在位时，听到属下一位姓钟的官员有浙江口音，便问他："你是会稽人吗？"会稽正是越州，也就是今绍兴。这位钟姓官员连忙解释说："我是最近才从湘楚一地迁到会稽的。"尽管如此，张居正还是愤愤不平，找了个理由辞退了钟姓官员。说来这位钟姓官员还真是有点儿冤，可由此也能够看出，人们对这位才女在战乱中的遭遇抱以深深的同情，恨不能生在同时期，替她出一次头。

当然，关于文物的丧失程度，李清照可能有所夸张，这也是防止被人惦记，直到晚年定居临安，她手头还是有一批包括米芾真迹在内的珍贵书画。磨难让她迅速地成长起来，锻炼出了在乱世中生存的自保技巧，这证明她不是只可以养在温室之内的娇花，而是寒梅，经历风摧雨折之后，愈发香气袭人。

第六章

关于勇气：

走好人生的下坡路

蝴蝶飞不过沧海，但大鹏可以

建炎三年至四年间，是李清照生命中最为颠沛的一年。

南宋朝廷的存续是从流亡开始的，宋高宗赵构自从登基以后，就一直在躲避金人的追袭。从建炎三年八九月开始，在金国大将金兀术的追击下，高宗从建康往南一路抱头鼠窜，慌不择路。

纷乱的局势中，李清照意识到长江上游已经不能去了，于是抱定了跟着高宗跑的决心，一来是为了进献文物，洗清"玉壶颁金"的流言；二来是为了投靠弟弟李远，他时任敕局删定官，正随御驾而行。

她是在建炎三年闰八月离开建康的，此后一直追随朝廷逃亡的队伍，一会走陆路，一会走海路，在交通极其不便的条件下，还得照管随身携带的书画卷轴，可想而知有多艰难。有时为了追上前面的队伍，她不得不丢掉一些生活用品。

这是一趟极为艰辛的逃难之旅。只要稍稍了解高宗南窜奔逃的路线，就会明白此行的艰难程度。九月，金兵渡江南侵，宋高宗即率臣僚南逃。十月到越州，随后又逃到明州，并自明州往定海（今浙江舟山）、台州、章安出逃，足迹遍布如今的浙江和苏南大部分地方，堪称一场亡命之行。

金兵攻陷明州后，高宗逃无可逃，陷入了两难的境地，往前奔逃的话，海上波涛汹涌，恐生不测，留在原地的话，则怕有兵火之虞。最后高宗只得听取宰相吕颐浩的意见，决定冒险出海避难，还美其名曰"巡幸东南"，出发时君臣相别于临时的别殿之外，均面无人色。

可怜李清照总是难以追上高宗的脚步。好不容易赶到剡县，却听闻高宗君臣已乘船南下。她当即舍去了多余的衣被，在黄岩雇了一艘船，赶紧走海路去继续追赶。

不得不佩服她的执着，古时由于船只不够坚固，海上出行的危险系数极高。她身为女子，居然敢乘风破浪而行，这份勇敢已足够让人惊叹。

这场海上逃亡整整持续了四个月，其间偶尔在岸上停留，

大部分都是在温州一带的海上漂流。在此期间，李清照所雇的
一叶孤舟一直苦苦追寻着高宗庞大御舟的踪迹，但每次都落后
了一点点。避难海上时，高宗的御舟在海中差点被金军追上，
幸好天降暴雨，海上风雨大作，宋军远比金军更为熟悉水性，
趁机反击成功，这才给了他们喘息的机会。

李清照再一次显示出她惊人的意志和信念来，惊涛骇浪不
仅没有让她退缩，反而激发起了她骨子里的豪情和斗志。正是
这趟亡命海上的旅程，让她写出了瑰丽奇幻的《渔家傲》来：

　　天接云涛连晓雾，星河欲转千帆舞。仿佛梦魂归
帝所。闻天语，殷勤问我归何处。

　　我报路长嗟日暮，学诗谩有惊人句。九万里风鹏
正举。风休住，蓬舟吹取三山去！

此词题为《记梦》，不过词中所写并不是虚无幻化之景，
若无海上漂泊的切身体会，可能很难将大海波谲云诡、变幻万
端的气象描绘得如此生动。

"天接云涛连晓雾，星河欲转千帆舞"，开头两句描写拂晓
来临时的海上景象。起首两句，绘出了一幅开阔壮美的海天一
色图卷，连用了"接""连""转""舞"四个动词，展现出一

个晨雾迷茫、云涛翻腾、滚滚银河、千帆竞渡的开阔境界。

接下来的几句，是对梦境的具体描绘。词人在海上航行时，一缕梦魂仿佛升入天国，见到了殷勤致语的天帝。在梦里，天帝和词人亲切交谈，问她："你这样漂来漂去，究竟要去往何处呢？"这样的问话，对于久经乱离、漂泊无依的词人来说是莫大的安慰，她终于得到了一个诉说的机会，当然要敞开心扉来回答。

"我报路长嗟日暮，学诗谩有惊人句。"这就是她的回答，意思是：我一路走过了很远的路程，不知不觉日已黄昏，却还没有抵达目的地，即使我作诗能写出惊人的诗句来，那又有什么用呢？这样的嗟叹，未免有怀才不遇之意，生逢乱世，纵然她才高盖世，也没有人可以赏识，可见她内心隐藏的寂寞。

"九万里风鹏正举。风休住，蓬舟吹取三山去！"最后几句是说：这能使大鹏高举的狂风啊，你不要停息，将我的轻舟吹到蓬莱三岛去吧！"九万里风鹏正举"语出《庄子·逍遥游》："鹏之徙于南冥也，水击三千里，抟扶摇而上者九万里。"北海有一种鱼，其名为鲲，化为鸟，便是大鹏，鸟身巨大，翼可蔽天。大鹏迁徙往南海时，双翅打在水面上会激起三千里的风浪，展翅而飞时，可以乘风盘旋而上达到九万里的高空。李清照用此典故，正是以大鹏自比，隐含鹏飞远举之志。

李清照历来被当成是"婉约之宗"，这首词却是不折不扣的豪放之作，清代黄蓼园评价说："此似不甚经意之作，却浑成大雅，无一毫钗粉气，自是北宋风格。"清代梁启超也指出："此绝似苏辛词派，不类《漱玉集》中语。"

李清照作为一个婉约派的词人，何以能写出这样的词来呢？这和她的经历有关，更和她的性格有关。仓皇南渡之后，她只身漂泊江湖，一路走来风雨兼程，处于"日长嗟日暮"的困境之中。可她的个性是相当倔强的，不甘于被暗淡的现实困住，而是追求解脱，追求广阔的精神境界。

既然茫茫人世中看不到任何希望，她便只有将幻想寄托在神仙境界中，希望能从中找到一条出路。正如近代词学大家夏承焘所说："这首词中就充分表现她对自由的渴望，对光明的追求。但这种愿望在她生活的时代的现实生活中是不可能实现的，因此她只有把它寄托于梦中虚无缥缈的神仙境界，在这境界中寻求出路。然而在那个时代，一个女子能不安于社会给她的命运安排，大胆地提出冲破束缚、向往自由的要求，确实是很难得的。"

这首词是易安词中难得一见的浪漫主义佳作，"星河欲转千帆舞"的场景何等壮阔，"九万里风鹏正举"的气魄何等宏伟，"蓬舟吹取三山去"的想象又是何等奇妙。

李清照因才华突出，所以和李白、李煜并称为"词家三李"。她和李煜境遇相似，都是前半生富贵，后半生苦难，但她的性格，其实和李白更像。如果说李煜是一只蝴蝶，美丽而脆弱，稍微有一点儿磨难就会让他折翼而殒，那么李白和李清照则像他们笔下的大鹏，这是属于强者的图腾，他们虽然性别不同、人生迥异，但本质上，他们都是命运的强者，是自己人生的主宰者。

生活再沉重，也束缚不住一颗想飞的心。就算在现实中备受束缚，诗人们也能在想象的国度里乘风而上，展翅高飞，去寻找光明和理想的所在。身处的现实环境越压抑，他们越是强烈地寻求解脱。李白一生壮志未酬，临终之际，仍然心怀鹏飞之志，写出"大鹏飞兮振八裔，中天摧兮力不济"的绝笔诗。李清照后半生命运多舛，正因如此，她才向往着能像大鹏那样飞往海外仙境，那里平静、安宁，没有战争和杀戮，也没有离乱和奔波。

"九万里风鹏正举"，蝴蝶飞不过沧海，但是大鹏可以。当人生风平浪静的时候，她要抟扶摇直上九万里，享受那翱翔于九天之上的成就感；当人生风起浪涌的时候，她更是要乘风破浪，逆风飞翔，越是困难重重，越是显示出她藐视困难、笑对苦难的一面，沧海横流方显英雄本色，多少人以为的小女子，实际上骨子里是个大英雄。"假令风歇时下来，犹能簸却沧溟水"，这才是太白本色、易安本色。

全词虽纯写梦境，其实还是隐含着李清照对面圣的渴望。在海上漂流了那么久，她多么渴望能尽早追及帝踪，亲自觐见宋高宗，在这位人间的"天帝"面前尽诉一路的辛酸，并向他献上仅余的铜器，以表明自己和亡夫对宋室的忠贞。

可惜天不遂人愿，她一直都没有追上高宗的队伍。建炎四年三月，在韩世忠和岳飞的竭力抵抗下，金军终于撤退到北方。得知这个消息后，高宗才从温州泛舟北上，回到越州，结束了长达四个月的海上亡命生活。次年，高宗改元绍兴元年，寓有"绍祚中兴"的意思，升越州为绍兴府，暂时以此地为行在。

一路马不停蹄的李清照终于也可以喘口气，暂时歇息一下了。这次逃难，她辗转海陆两路，行程达三千多里，历经千辛万苦，直到此时，才和弟弟李远在绍兴会合，暂时在此处安顿下来。

犀利，和年龄无关

从少女时代开始，李清照就关心国事，喜欢指点江山、激扬文字，在经历了那么多沧桑之后，她是否收敛了锋芒，变得低调起来了？

答案显然是——没有！

北宋覆灭后，李清照及无数故园被毁的"北人"日夜盼望着宋军能收复失地，杀回北方去。可惜宋室南渡之后，宋高宗只顾着苟且偷安，只想向金人屈膝求和，赶走了主战派李纲等大臣，听信奸臣秦桧的谗言，全然已经忘记了靖康之耻。

这样的奇耻大辱，却是千千万万爱国志士所须臾不能忘的。李清照此时关心的重点，也从个人的悲欢离合扩大到了国家的命运起伏上。她素来敢说敢做，当年父亲李格非被赶出京城，年方二十的她就敢向公公赵挺之献诗救父，如今当此国仇家恨之际，她又岂会坐视不理？

宋人庄绰《鸡肋编》中记载："时赵明诚妻李氏李清照亦作诗以诋士大夫云：'南渡衣冠欠王导，北来消息少刘琨。'又云：'南游尚怯吴江冷，北狩应悲易水寒'。后世皆当为口实矣。"

这四句诗，真是字字铿锵，句句有力，掷地当作金石声。人们对李清照的印象历来是温柔婉约，这种印象可能来自于她的词作，可只要读她的诗，就会发现她其实是秀中有骨，柔中有刚。比如这两联诗句，就展现了她性格中凶悍直爽的一面。

"南渡衣冠欠王导"，用的是东晋时名相王导的一个典故。晋朝分为西晋和东晋两个阶段，西晋原本定都洛阳，因"五胡乱华"之后，首都被占领，晋人被迫南渡，改立建康为都。东晋之初，南渡过来的士大夫们常常在一起饮酒聚会，一次在新亭聚会时，其中有个人长叹着说："江南的风景不比我们北方的差，可惜山河却已变换了主人。"座中诸人听了，纷纷落泪感叹。只有宰相王导拍案而起，豪迈地说："应当共同合力效忠朝廷，最终光复祖国，怎么可以相对哭泣，如同亡国奴一样呢？"

"北来消息少刘琨"中的刘琨和王导是同时代人，也是辅佐晋元帝登基的大功臣。成语"闻鸡起舞"说的就是刘琨年少时，与朋友祖逖相约每日一听到鸡叫就起来勤练武功。晋室南渡后，刘琨坚决不离开太原，他以此为根据地，在左右强敌环伺的处境下安抚流民，吸引了一大批抗击匈奴、羯人的志士，成为了晋在中原存留的少数几个抵抗势力之一。

晋室南迁，和宋室南渡是多么相似的经历，可恨的是，南宋缺少的是王导、刘琨这样的忠臣良将。这样的指责可能苛刻了一些，其实南宋不乏像李纲、宗泽、岳飞这样的抗金名将，可在朝廷中占据上风的是秦桧这样的主和派，主战派被打压得连上战场的机会都没有。

江南的暖风，早已将仓皇南渡的宋室君臣吹得骨头都软了，上至皇帝，下至臣子，早已安心偏居一隅，只求能保住残留的半壁江山。满朝文武中，多的是奴颜媚骨的软骨头，少的是一腔热血的血性汉子，这种形势下，难怪李清照会忍不住写诗讽刺他们。

五代时，后蜀被宋太祖派军攻占，后蜀君王孟昶的宠妃花蕊夫人含恨赋诗说："君王城上竖降旗，妾在深宫那得知？十四万人齐解甲，更无一个是男儿！"

李清照此诗，和花蕊夫人的用意相似，她正是在骂那些只知苟且偷安的臣子们，没有一个是血性男儿！都说男儿阳刚，女子柔弱，可这两个敢于秉笔直言的女子，骨头倒比那些只知贪生怕死的男儿们要硬上几分。

李清照的另一联诗句更是将矛头直接指向了宋高宗，"南游尚怯吴江冷"，是指宋高宗一路从北地逃到南方，在气候温暖的吴淞地区尚且还会觉得江水寒冷，更何况他那被拘禁在北方的父亲和兄长，谁知他们在那样的严寒之地要承受什么样的苦楚。

徽宗和儿子钦宗一同被俘，史书上委婉地称为二帝"北狩"，说他们去北方打猎了，其实是金军南下打猎，猎物正是宋朝皇帝和他的子孙后妃们。"北狩"的说法，无异于一块欲盖弥彰的遮羞布。

李清照此诗，却毫不犹豫地撕下了这块遮羞布，等于借诗来质问宋高宗：你的父亲和兄长尚在北方受苦，你怎能如此懦弱胆小？迎接徽钦二帝回国，一直是许多爱国志士的共同心愿，岳飞就高喊过要"迎回二圣"。他们不知道高宗心中的小九九，若是真的迎回了二帝，那还有他的位置吗？出于自己的利益考虑，高宗根本就顾不上也不想顾及他的父兄了。

这破碎的山河看来是无人收拾了，最可怜的是那些等待宋军去收复失地的北方老百姓，"遗民泪尽胡尘里，南望王师又一年"，可惜他们再也盼望不到了。

她只有借着对已逝英雄的追忆，来激励南宋民众投入到抗金战斗中。

她甚至敢于指名道姓地讥笑朝中有地位的权贵。绍兴二年的春天，新科状元张九成对策有"桂子飘香"之语，李清照就以对联"露花倒影柳三变，桂子飘香张九成"暗讽张九成和柳永一样格调不高。当事人佩服其对仗工整的同时，心中也是切齿忌恨。

这个时候的李清照已历经国破、家亡、逃难等种种坎坷，但依旧爱抨击时事、嘲讽权贵，不禁令人感叹，她还是那么犀利，还是那么高调，只是比以前更辛辣了！

绍兴三年（1133年）六月，宋高宗赵构终于抵不住朝中众臣的恳求，决定派使臣去金国探望一下被囚禁的徽、钦二帝。此时的金国成了虎狼之地，人人避之不及，出使的危险系数极高。幸好，北宋名相韩琦的曾孙、时任枢密院副长官的韩肖胄自告奋勇，愿意担此重任，高宗应其所请，派其为正使，给事中胡松年为副使。

韩肖胄、胡松年即将出使的消息传来，李清照不由得大为振奋。李家原就和韩家是世交，李清照的爷爷和父亲都出自韩琦门下，只是近年来家道沦落，故李清照已不敢攀交，可得知二公的壮举，还是忍不住挥笔写下古诗、律诗各一首，为韩、胡二公壮行，这就是《上枢密韩公、工部尚书胡公》：

其一

三年夏六月，天子视朝久。凝旒望南云，垂衣思北狩。

如闻帝若曰，岳牧与群后。贤宁无半千，运已遇阳九。

勿勒燕然铭，勿种金城柳。岂无纯孝臣，识此霜露悲。

何必羹舍肉，便可车载脂。土地非所惜，玉帛如尘泥。

谁当可将命，币厚辞益卑。四岳佥日俞，臣下帝所知。

中朝第一人，春官有昌黎。身为百夫特，行足万人师。

嘉祐与建中，为政有皋夔。匈奴畏王商，吐蕃尊子仪。

夷狄已破胆，将命公所宜。公拜手稽首，受命白玉墀。

曰臣敢辞难，此亦何等时。家人安足谋，妻子不必辞。

愿奉天地灵，愿奉宗庙威。径持紫泥诏，直入黄龙城。

单于定稽颡，侍子当来迎。仁君方恃信，狂生休请缨。

或取犬马血，与结天日盟。

胡公清德人所难，谋同德协心志安。脱衣已被汉恩暖，离歌不道易水寒。

皇天久阴后土湿，雨势未回风势急。车声辚辚马萧萧，壮士懦夫俱感泣。

闾阎嫠妇亦何知，沥血投书干记室。夷虏从来性虎狼，不虞预备庸何伤。

衷甲昔时闻楚幕，乘城前日记平凉。葵丘践土非荒城，勿轻谈士弃儒生。

露布词成马犹倚，崤函关出鸡未鸣。巧匠何曾弃樗栎，刍荛之言或有益。

不乞隋珠与和璧，只乞乡关新信息。灵光虽在应萧萧，草中翁仲今何若。

遗氓岂尚种桑麻，残虏如闻保城郭。嫠家父祖生齐鲁，位下名高人比数。

当时稷下纵谈时，犹记人挥汗成雨。子孙南渡今几年，飘零遂与流人伍。

欲将血泪寄山河，去洒东山一抔土。

其二

想见皇华过二京，壶浆夹道万人迎。

连昌宫里桃应在，华萼楼前鹊定惊。

但说帝心怜赤子，须知天意念苍生。

圣君大信明如日，长乱何须在屡盟。

其一是一首长达八十句的杂言古体诗，上半首是五言，下半首是七言，堪称李清照生平第一长诗，所以全文录于此。

李清照并不是一个政治家，甚至从未有过涉足官场的经历，可她却能以政治家的眼力，对当时的局势做出一针见血的分析。

从两首诗来看，李清照毫无疑问是支持朝廷收复失地、反击侵略的。据说韩肖胄和胡松年出使前，高宗曾对他们说："卿等此行，不须与人计较言语，卑词厚礼，朕且不惮，岁币、岁贡之类不须较。"对高宗这种一味求和的做法，李清照并不赞成，是以在诗中说："土地非所惜，玉帛如尘泥。谁当可将命，币厚辞益卑。"此处句句都是反语，辛辣地讽刺了高宗等人卑屈求和的奴颜媚骨，矛头直指软弱的最高统治者。

对于韩、胡二公不畏风险出使的壮举，李清照则给予了毫无保留的赞美。赵明诚的一位妹夫傅察，就是在出使金国时不屈身亡的，对于势力弱小的南宋使臣来说，此去等于龙潭虎穴走一遭。李清照为使臣们将生死置之度外的忠义所感动，称赞他们"家人安足谋，妻子不必辞"的大无畏精神，勉励他们像韩信忠于汉室，荆轲勇于赴难那样，完成出使任务。

李清照挥动着如椽巨笔，写下了不无辛酸而又豪气干云的诗句。

李清照此时，只不过是一个流落民间、无依无靠的寡妇（闾阎嫠妇），却不惜呕心沥血，写就此诗献给韩公，提醒他金人本是虎狼之性，一定要多加防范。最后几句是对自己近况的描述，南渡不过区区数年，她已经沦落到与流民为伍。她日夜牵挂着北方的故乡，只希望有生之年能够回到齐鲁大地，去拜祭祖先的坟墓。

"欲将血泪寄山河，去洒东山一抔土"，这是一个流亡女子饱含着血泪的悲呼，也是一个北地遗民"还我河山"的呐喊，既含锥心刺骨的悲痛，又具气贯长虹的豪情，字字泣血的诗句之中，澎湃着"我以我血荐轩辕"的爱国激情。

能写出这样的诗，说明李清照已经从一己悲欢之中超脱出来，将个人沉浮和国家命运紧紧地联系在一起，这正是她高出一般女性诗人的地方。

让她荣获"博家之祖"称号的《打马赋》也是以赌局来喻政局，以古喻今，借典发论，提出"今日岂无元子，明时不乏安石"，元子指桓温，安石指谢安，都是东晋时的名将。谢安精通弈道，在淝水之战的紧急关头，仍然气定神闲地与友人下着棋，谈笑间破了苻坚的百万大军，正是历史上以少胜多、以逸胜劳的典型。李清照以此二人为例，是说南宋朝廷也不乏像桓温、谢安这样的名臣，关键在于当权者的对敌态度。

在《打马赋》的结尾，李清照更是按捺不住满腔热血，直抒胸臆地写道：

　　佛狸定见卯年死，贵贱纷纷尚流徙，满眼骅骝杂
骎骊，时危安得真致此？
　　木兰横戈好女子，老矣谁能志千里，但愿相将过
淮水。

佛狸是北魏太武帝拓跋焘的小名，他曾南下侵略刘宋，被

击退后还师。民间有童谣说："虏马饮江水，佛狸死卯年。"结果不久之后，拓跋焘果然被随侍的宦官害死了。李清照用此典，正是用最恶毒的语言来诅咒来自北方的金朝。

纷乱之下，南宋无论贵贱之人均在逃亡，放眼望去，不乏骅骝和骐骥这样日行千里的良马，可时局危难之下怎能分辨得出来。实际上南宋朝廷也不乏像岳飞、韩世忠这样的"千里马"，李清照希望当权者能够识别他们的良才，给他们以驰骋的空间。

"木兰横戈好女子"，李清照这句更是以花木兰自比，恨不能像这位女英雄那样沙场杀敌，保家卫国。只可惜年老体衰，已经没办法披甲作战，只希望有生之年能够随着将士百姓们，一齐渡过淮水去，收复大好河山。

曹操说自己"烈士暮年，壮心不已"，李清照在暮年也仍和曹操一样壮志未歇。当时朝中一片求和之声，她却敢斗胆言兵，难怪后人为之叹息道："庙堂只有和戎策，惭愧深闺《打马图》。"

打马一赋，悲慨深沉，气壮山河，字里行间隐约可见金戈铁马之势，如闻鼙鼓擂击之声，李清照一片拳拳爱国之心，跃于纸上。

闪婚闪离，再嫁风波

赵明诚去世三年后，四十九岁的李清照再次嫁人了，就是这次再嫁风波，几乎让她落到了千夫所指的境地。

李清照为何要再婚呢？

其一，她有现实的需要。在那个乱世，身为一个孀妇要想独自生活下去是很困难的，何况她还无子，任她再坚强再独立，吃了这么多苦头之后，也难免会感叹无枝可依。世道多艰，人心叵测，还有那么多双眼睛盯着她身边仅存的文物字画，势单力薄的她迫切需要有一个人为她提供庇护。

其二，她有情感的需要。李清照的情感需求本来就比一般女子强烈，她需要有个人爱护、有个人关心，这都是情理之中的。

就是在这个时候，一个叫张汝舟的人闯入了她的视线。

此人是浙江归安（今浙江吴兴）人，时任右奉承郎、监诸军事审计司，是个七八品的小官，才华和学问也并不出众。他不知从哪听说了李清照生病的消息，闻风而来，嘘寒问暖，终日守在她的病榻之前，看起来还算忠厚老实。据说他还是赵明诚在国子监时的同学，这更让李清照多了一分亲近之心。

在遭遇了那么多磨难之后，一点点的体贴和关心都足以让她铭记在心。

关于这段经历，李清照在事后致当朝翰林学士綦崇礼的一封信中有过详细叙述，在信中，她是这样描述自己和张汝舟之间的纠葛的：

> 近因疾病，欲至膏肓，牛蚁不分，灰钉已具。尝药虽存弱弟，应门惟有老兵。既尔苍皇，因成造次。信彼如簧之说，惑兹似锦之言。弟既可欺，持官文书来辄信；身几欲死，非玉镜架亦安知。僶俛难言，优柔莫诀。呻吟未定，强以同归。

很显然，张汝舟是在李清照病中"乘虚而入"的。那时李清照病得很重，"牛蚁不分"是形容人病入膏肓的说法，《世说新语》中曾有记载："殷仲堪父病虚悸，闻床下蚁动，谓是牛斗。"

病中的李清照，有感于张汝照对自己的一片"真心"，于是做出了一个决定：以风烛残年之身，再次走入新的婚姻。

这个决定是大胆的，同时也是仓促的。毕竟她已经年近五十，和张汝舟认识也不过短短数十日，缺乏坚实的感情基础和深入的了解，无法确保再婚后是否能获得幸福。

李清照自幼性喜赌博，作为"赌徒"的她一生中参与过无数次赌局，赌注最大的却是这一次——这一次，她赌上了自己后半生的幸福和名节，如果侥幸赢了的话，她的余生将会有一个还算不错的归宿；如果不幸输了的话，她失去的将是经营了半生的清誉。

很遗憾，这次她输了。张汝舟各方面都远远不如李清照，古人形容女子下嫁，往往会用到成语"彩凤随鸦"，来比喻女子嫁给才貌远逊于己的男人。李清照嫁给张汝舟，在旁人看来就是一场"彩凤随鸦"的笑话。这场婚姻，持续不过百日，开始得有多仓皇，结束得就有多狼狈。

李清照是在绍兴二年夏天嫁与张汝舟的，婚后不久，她就惊讶地发现，此人不仅毫无才情学识，连人品都卑劣不堪。他之所以娶她，不是冲着她的才貌，而是冲着她手里的文物书画而来的。

在给綦崇礼的信中，她悲愤地控诉着张汝舟的种种恶行："视听才分，实难共处，忍以桑榆之晚节，配兹驵侩之下才。身既怀臭之可嫌，惟求脱去；彼素抱璧之将往，决欲杀之。遂肆侵凌，日加殴击，可念刘伶之肋，难胜石勒之拳。"

在她的笔下，这个第二任丈夫完全就被描述成了一匹"中山狼"。"子系中山狼，得志便猖狂"，张汝舟娶了她之后，很快就露出了得意扬扬的丑态，妄图将她带过来的字画古籍等占为己有。

可他很快发觉，李清照留在身边的文物，并不像外界所传的那样丰富。更令他难以接受的是，就这区区数十件藏品，李清照也看护得十分周全，就像防贼似的防着他。他不知道，为了保存这些文物，李清照吃了多少苦头，她怎么会轻易让这些宝贝流落到他人手里，哪怕是再嫁的丈夫也不可以。

张汝舟失望之极，于是原形毕露，先是对李清照冷嘲热讽，恶语相向，后来逐渐发展到饱以老拳，日日殴打的地步。既然花言巧语骗不了李清照，就干脆用拳头来威胁她交出文物。

可怜李清照一代才女，以清清白白之身，嫁了这么一个肮脏低劣的人。她哪里当得起张汝舟的拳脚相加。识破了此人的丑恶面目后，她不愿再被这个浑身臭气的家伙继续玷污，只求快快离他而去。但张汝舟贪图她手中的珍物，岂肯轻易放手。李清照说他对自己"决欲杀之"，也就是动了杀心，这样的说法可能有夸张之处，可以她的文弱之身，确实禁不起张汝舟的凌虐。

按照大宋的法律，妻子离不离得成婚，决定权是掌握在丈夫手里的，只有男方写出休书，才能算离婚生效。张汝舟就是拿准了李清照离不成婚，只能忍声吞气，所以才趾高气扬，为所欲为。

不得不说，他真是太过小瞧了李清照。

他娶的妻子，可不是逆来顺受、任人鱼肉的贾迎春，而是爱憎分明、敢作敢为的李清照。打落牙齿往肚里吞那份气，李清照可受不了，她的性格素来是宁为玉碎，不为瓦全的。当知道张汝舟不可能与她和平离婚时，她想出了一个铤而走险的招数：状告丈夫，坚决离婚！

李清照不愧是一代才女，不仅有胆有识，而且有勇有谋。她知道如果仅仅是告丈夫骗婚家暴的话，按照当时的大宋律，极有可能不仅离不了婚，还会平白成了他人的笑话。于是她兵行险着，搜集了张汝舟欺瞒朝廷的证据，告发他"妄增举数入官"。

原来宋代科举制度规定，士人参加科举考试需达到一定次数、取得一定资格后才能授予相应的官职。急功近利的张汝舟虚报了考试次数，以此达到早早升官的目的，这在当时属于欺君之罪。小人得志的他很有可能是在婚后闲谈时，不无得意地将此事告知了李清照，哪知这把柄就落到了李清照的手里，她以此告他，自然一告必中。

"妻告夫"的案例在宋时实属少见，加上李清照本身的知名度，让这个案子闹得沸沸扬扬。南宋史学家李心传在其史学著作《建炎以来系年要录》中就清楚地记载下了此案："（绍兴二年九月戊午朔）右承奉郎、监诸军审计司张汝舟属吏，以汝舟妻李氏讼其妄增举数入官也。其后有司当汝舟私罪，徒，诏除名，柳州编管。十月己酉行遣。李氏，格非女，能歌词，自号易安居士。"

这起案子甚至惊动了宋高宗。高宗早闻李清照之名，听闻后诏令廷尉彻查，经查证李清照所说属实，证据确凿之下，张汝舟被除去官名，流放到广西柳州。这个时候的他，估计才醒悟，他以为软弱可欺的才女，其实自己根本得罪不起。

至此，李清照总算出了一口恶气，按照宋朝法律的规定，丈夫如果被流放外地，那么妻子就能自动和他解除婚姻关系。

可恨的是，宋朝法律还有这样一条规定：妻子如果状告丈夫，就算丈夫有罪，妻子也得被判处坐牢两年。

李清照在状告张汝舟之前，想必早就了解到这条法规，但她宁愿冒着坐牢的风险，也誓与张汝舟分开。她敢于冒天下之大不韪来状告其夫，可见早已抱定了玉石俱焚的决心。

张汝舟被流放之后，按照相关法规，李清照也因此锒铛入狱。值得庆幸的是，得知她的不幸遭遇后，朝中不少高官都生出了同情之心，他们有些人本来就是李格非或赵明诚的旧识，这时便纷纷向李清照伸出了援手。其中有一位叫綦崇礼的翰林学士，是赵明诚的远房亲戚，出的力尤其多。正是在他的奔走呼吁下，李清照在牢中仅仅被关了九天，就被放了出来。

李清照媚居三年后再嫁，不过百日后就决然上诉，状告亲夫，让当时保守的舆论为之哗然，引来了众多的冷嘲热讽：

胡仔在《苕溪渔隐丛话》中说："易安再适张汝舟，未几反目，有《启事》与綦处厚云：'猥以桑榆之晚景，配兹驵侩之下才。'传者无不笑之。"

王灼则在《碧鸡漫志》中说她："赵死，再嫁某氏，讼而离之，晚节流荡无归。"

晁公武在《郡斋读书志》中说她："然无检操，晚节流落江湖间以卒。"

朱彧在《萍州可谈》中评价说："不终晚节，流落以死。天独厚其才而啬其遇，惜哉！"

这些都是当时的人对她的评价，可见，在当时，李清照再嫁并讼离之事早已广为人知，并成为了文人圈中的一个笑话。

宋代的社会风气并不以再嫁为耻，李清照再适张汝舟时，赵明诚已去世三年，她的改嫁，既是合情合理的，也是合法的。既然如此，那为何会招致同时代人的"群嘲"？

说起来，怪只怪她个性太强、锋芒毕露，男权社会的维护者们早就看她不顺眼了。比如状告其夫"妄加举数入官"之举，在当时肯定是惊世骇俗的。宋时有关婚姻的法例，都明显地偏向于男性，一旦有女子敢于挑战男权社会的规则，自然会引起男性们的非议和攻击。李清照之所以为时人诟病，不是因为再嫁，而是因为"闪离"和讼夫。

众口铄金，人言可畏。李清照早就预料到自己将会成为流言的靶子，在致綦崇礼的答谢信中，她说过这样一番话："责全责智，已难逃万世之讥；败德败名，何以见中朝之士。"可李清照就是李清照，即便"败德败名"，即便她早已预料到"难逃万世之讥"，她也决意不肯逆来顺受，而是要以决绝的方式，来让折辱过她的人付出应有的代价。

她是清醒的，也是勇敢的，这样的清醒和勇敢，在那个奉行男尊女卑的社会是多么难得。张汝舟的拳头没有使她屈服，纷纷扬扬的流言同样也摧毁不了她。在那个男性掌握绝对话语权的时代里，她以一次次绝不屈服的抗争，来维护自己身为女性应有的尊严和体面。

这样看来，李清照真是一个争取婚姻平等自由的先行者，先行者往往都是孤独的，不仅得不到时人的谅解，连后世的人也会加以曲解。

到了明清时，突然兴起了一股为李清照改嫁"辩诬"之风，不少学者纷纷为李清照辩护，说她不可能改嫁，所谓再嫁和讼离，纯属宋人无中生有，造谣捏造。

在明代，一位名叫徐勃的学者最先提出李清照改嫁不可信，他的推论主要是基于李清照年老，且为官宦世家出身，是不可能改嫁的。清人卢见、吴衡照、俞正燮等均附和此说，支持李清照并未再嫁的观点，他们的理由不外乎这几个方面：

其一，李清照南渡后年岁已老，不可能再嫁；

其二，李清照出身书香之家，身为大家名媛，不可能做出这种有辱门风的事来；

其三，李清照和赵明诚夫妻恩爱，不可能再适他人，如卢见就曾说："观其（李清照）涝经丧乱，犹复爱惜一二不全卷轴，如获头目，如见故人，其惓惓德夫（赵明诚字）若是，安有一旦忍相背负之理。"

从宋元至明清，李清照在文人心目中的形象日趋完美，他们奋力为之辩护，正是为了维护心中偶像的神圣。在他们看来，李清照再嫁张汝舟，就是对赵明诚的背叛，这样的行为，就是伤风败俗，是李清照不会做的事情。

这样的言论，听似振振有辞，实则不合情理。李清照再嫁张汝舟，离赵明诚去世已三年，何来背叛之说？认为李清照与赵明诚恩爱，就必须为之守节，又是何等迂腐的观念。至于造谣之说，胡仔等人，均是宋时名流，不太可能众口一声地诬陷李清照，以李清照的个性，如果真的被人造谣，她应该早就出来辩驳了，哪里还需要后世之人为她鸣冤？

徐勃等人，是将明清极端的贞节观强加在宋代的李清照身上。在他们看来，夫死后不能守节，就是李清照生平的一大污点，只有洗清这一污点，才能还偶像以清白之身。

其实李清照何错之有？按照现代人的观念来看，她暮年再嫁，是对于爱、对于美好婚姻的勇敢追求；讼夫闪离，则是为了摆脱痛苦的婚姻生活。对于爱情和婚姻，她是个理想主义者，绝不因为自己年老而将就。

如果说她有错的话，只不过错在识人不明，上了奸险之徒的当。但她认识到自己的错误后，就立即设法抽身而去，这样过人的勇气，这样坚定的态度，即使是在现代女子中也不多见。在现代人看来，她在此事中展现出的胆识和智慧，不仅无损于她的形象，反而是一种增色。

那些为她"辩诬"的人，其实是他们自己的眼睛被封建礼教所蒙蔽，才会将再嫁之事看成她的污点，他们才应该清洗下心中的偏见。

在这类人的心目中，他们倾向于将李清照塑造成一个纯洁无瑕的圣女，一个守节终生的贞女，一个温柔和顺的淑女。这样的"维护"，看似是对李清照形象的美化，实际上是一种矮化、一种驯化。真实的李清照并不如他们想象中那样完美，却有血有肉、敢爱敢恨、从不违背自己的内心，这样的她，才真正当得起千古第一才女的称号。

上坡要努力，下坡要开心

关于李清照晚年的史料极少，书上说她"依弟而终"，因为无子无女，最后是依靠同父异母的弟弟李远生活的。她大概住在余杭门（现杭州武林门）外的西马塍，尽管生活大不如前，却依然保留着大家闺秀的娴雅："谁怜流落江湖上，玉骨冰肌未肯枯。"

李清照的暮年时光，并不像大家想象的那样完全只剩下了凄凄惨惨戚戚。年老体衰，难免有些意兴阑珊，可她并未在孤独中走向沉沦，而是尽可能地打起精神来，走好人生的最后一段路。

晚年，在南宋上层社会的活动圈子里，仍然可以见到李清照的身影。绍兴十三年（1143年），学士院恢复进帖子词，这是从靖康之难后首次恢复这种古老的献诗习俗，目的是增加节庆气氛，为皇帝妃子献颂诗。这一年的立春，李清照给皇后、贵妃献上了贺春帖子，同时五月的端午节，她又给皇帝、皇后和妃子献上了端午帖子。

不必去计较李清照献颂诗的行为太过世俗，有此举动，至少说明她还有着积极参与文化活动、积极争取社会认可的进取心，而这样的进取心，对于已到桑榆之年的人来说是多么可贵。"春蚕到死丝方尽，蜡炬成灰泪始干"，本来以为，李清照对生命的热情早已燃烧殆尽，胸中那团火只剩下了一堆冰冷的灰烬，可谁知，那堆灰烬里还藏着未灭的火星。

晚年的李清照将自己的居所命名为"易安室"，与人交往时以"易安居士"自称，表示自己虽贫苦，也不改其志。当然，我们也不必为她太过唏嘘，她的经济状况虽然较之前有所下降，但也不至于沦落到为衣食所苦的地步。光凭她手头那几件藏品，就足以让她过上丰衣足食的生活。在易安室里，她继续整理着丈夫赵明诚留下的浩瀚著作，也继续致力于丈夫钟爱的收藏事业，并向朝廷献上《金石录》，向出使北方的大臣献诗，这些都是她在再嫁后为重振声誉做出的努力，可喜的是，这番努力也没有白费，有学者考证，她后来又凭借赵明诚孀妇的身份，重新进入了上层圈子之中。

读李清照后期的词，总觉得她是个泪人儿，似乎总是有流不完的眼泪，书不完的愁怀。她晚期的词作，大多像是浸泡在眼泪之中，一件旧时的罗衣，让她忍不住"凉生枕簟泪痕滋"；一枝手中的梅花，也让她"挼尽梅花无好意，赢得满衣清泪"；物是人非的感触，更是让她"欲语泪先流"……

这么多的泪水，总让人不禁觉得，李清照就像黛玉一样，眼泪终日从秋流到冬，从春流到夏。这样的形象，和前人评价李清照时所说的"闺中英豪"似乎大相径庭，看上去好像有些矛盾。

其实这并不矛盾。人的性格是具有多面性的，一面用来致力创作，一面用来应付日常，他们在日常生活和在文学作品中所展现的面貌并不完全一致，甚至有可能截然相反。

李白在诗中塑造的自我形象何等潇洒出尘，读他的诗，人们都觉得他是那种"天子呼来不上船"的谪仙人，但实际生活中，他也有过干谒公卿、结交权贵的"俗举"；元稹在诗中表现得深情款款，其实却辜负过不止一位女子；只看欧阳修的诗文，深觉此人真是风流蕴藉，所谓"文章太守，挥毫万字，一饮千钟"，其实文章之外的他深为疾病所苦，又饱经离丧之痛，常常悲叹生无可恋。

李清照其人其词，也当作如是观。作为一个文人，她的敏感脆弱远过于常人，爱与痛都比常人来得更深切，所以才能够写出感人肺腑的作品来；而文人之外的她，其坚韧刚毅也远远超过了一般的人，所以才能够历经沧桑仍不失生命活力。要全面了解她，不妨结合她的诗词来看。她把自己多愁善感的一面放入了词中，而将自己旷达坚毅的一面放进了诗里。

南渡后，李清照已经是历劫之身，可她并没有被自身的不幸打倒，只要一有喘息的空间，就会从命运的泥沼中爬起来。

比如这首《摊破浣溪沙》写的就是病后光景：

> 病起萧萧两鬓华，卧看残月上窗纱。豆蔻连梢煎熟水，莫分茶。
>
> 枕上诗书闲处好，门前风景雨来佳。终日向人多酝藉，木犀花。

南渡以后，李清照作品中多危苦之词，如果说花和酒是她昔日时光的两大主题，那么愁和病就是她晚年生活的两道印记。

这首《摊破浣溪沙》却是难得的轻快之作，可能是久病初愈，又摆脱了小人张汝舟，她的心情如拨云见日，分外怡然自得。病后形容清减，白发萧疏，她却一如既往地保持着好兴致，病情稍微有点起色，就躺在床上卧看一轮残月映照在窗纱之上。

由于病魔缠身，词人的身子还较为虚弱，于是将豆蔻煎成沸腾的汤水食用，不用强打精神分茶而食。豆蔻熟水，是一种药汤，性温，味辛，有去湿养胃的作用。

李清照是煎茶高手，平时喜欢分茶为乐，因病中体虚，此时只好以药代茶，豆蔻自有一种清香冷冽的气味，煎水之乐，并不亚于分茶。想深夜此时，人儿斜卧，缺月初上，室中飘散缕缕清香，一派闲静气氛。

词的下片转入白天，"枕上诗书闲处好，门前风景雨来佳"一联是脍炙人口的名句。病体虚弱，只得躺在床上，恰好有了难得的闲暇，可以看点闲书来消磨时光；下雨本来令人心烦，但对一个成天闲散在家的人来说，偶然下一次雨，那雨中的景致，却也较平时别有一种情趣。

末句写木犀花，木犀即桂花，临安（杭州）城内遍植桂树，一到秋天，满城飘香。李清照病卧家中，无法踏月寻桂，只能躺在床上静静观赏。"终日向人多酝藉"，此句将木犀写得格外多情，仿佛知道她病中寂寞，特意前来陪伴。

此词写病后境况，并无一点儿衰飒气象，而是洋溢着一种乐观主义情调，充满了浓郁热情的生活气息。

李清照的生命力真是顽强啊，就像门前的木犀树一样，尽管雨藉风揉，仍有暗香幽幽。古往今来的大诗人、大文豪，基本都是生命力充沛的人，只有这样，情感才丰厚，才能具有百折不挠的意志和毅力，才能写出饱含生之兴味的作品来。

李白晚年误入了永王李璘的幕府，被唐肃宗发配到夜郎，一路上长途奔波，受尽劳顿，可突然从半途中被召回，他马上意气风发，写下了生平第一快诗："朝辞白帝彩云间，千里江陵一日还。两岸猿声啼不住，轻舟已过万重山。"谁能想到，如此轻快喜悦的作品，居然出自一个刚获大赦的诗人之手呢。

苏轼因卷入了新旧党争，后半生被一贬再贬，从黄州、惠州一直贬到了海角天涯的儋州。在黄州，他写出了"大江东去，浪淘尽，千古风流人物"的千古名作；在惠州，他自得其乐地写诗道"日啖荔枝三百颗，不辞长作岭南人"；到了儋州这样的偏远之地，仍然兴致勃勃地感叹说："九死南荒吾不恨，兹游奇绝冠平生。"

李清照虽在《词论》中对苏轼这位前辈文人不甚服膺，可说到性格之倔强、心胸之豁达，她确实和东坡先生不无相似之处，难怪后人称赞她为"闺阁中之苏辛"。他们当然也会失意落魄，也曾伤心绝望，可他们一边承担着命运赋予的苦难，一边也没忘了享受生活赐予的喜悦。正是这种异乎常人的生命力，给了他们超乎常人的体验与感受，也为他们的作品注入了勃勃生机。

我们可以看到，历经劫难的李清照仍然努力保持着南渡前的种种习惯，力图在苦闷中去寻找一点点生活的趣味。

梅花和酒，依然是她的挚爱，每年梅花开的时候，她仍然和以前一样头簪梅花，寻醉花间，"夜来沉醉卸妆迟，梅萼插残枝"；

闲坐闺中，环绕着她的依然是袅袅香烟，长日无事，她仍会像以前一样烹茶醒酒，"酒阑更喜团茶苦，梦断偏宜瑞脑香"；

春天上巳时，她会强打精神，召集亲族共同宴饮，秋天重阳日，她也会像往年一样把酒东篱，持螯赏菊，"不如随分尊前醉，莫负东篱菊蕊黄"。

也许这样的姿态未免有些故作豁达，也许这样的相聚只不过是强颜欢笑，但这正表明了她积极向上的生活态度——她不会让战乱剥夺掉自己生活的全部乐趣，这是一种坚持，一种固守，一种不妥协。命运越是失控，人越需要活出精气神。

战争摧毁了她的家园，她便尽力在他乡再建一个精神上的家园。她的煮茶填词、东篱赏菊，并不是逃避，更像是一种重建，对昨日世界的重建。

"莫道桑榆晚，为霞尚满天"，用刘禹锡的这句诗来形容李清照的晚景再合适不过了，日到桑榆已是薄暮时分，可化作晚霞依然映得满天彤红、灿烂无比。李清照在落日熔金、暮云合璧中走向自己人生的终点，她就像那天边的夕阳，哪怕就快要落下去了，也要拼尽全力射出最后的光彩。

那满天的霞光是多么绚烂，多么明亮，即使红日终将被黑暗吞没，人们还是会永远记得，它在坠落前留下的万丈光芒。

大概是在绍兴二十五年（1155年），李清照于临安悄然而逝，终年七十一岁。就在那一年，《金石录》终于刊行面世了。

没有人知道她具体逝于哪一天，更没有人知道她临终前有何遗言，这个十六七岁就名动京城的一代才女，在悄无声息中离开了这个世界。

当最终的结局来临时，她究竟在想些什么？是心有遗憾，还是了无牵挂？在生命的最后一刻，她是否还在思念着远方的故乡，和那已经逝去的昔日繁华？

这一切，随着她的悄然离世，都无从得知了。唯一可以肯定的是，她是在临安去世的，再也没有回到她挂念的齐鲁大地。如果真的有灵魂的话，那她的灵魂在离开这具寄居的躯体之后，一定会飘往北方吧。因为那里有她梦里也忘不了的故乡，有她日思夜想的亲人。

一代才女李清照，就这样在冷冷清清中离开了这个人世。没有子女来传承她的血脉，也没有入室弟子来继承她的文学衣钵，甚至连葬身于何处都没有人知晓。

这样的结局总会令人想起民国时的张爱玲，张爱玲是李清照的仰慕者，她们也有着相似的人生轨迹，都是少年时一举成名，中年时去国离乡，晚年时孤独凄凉，都身逢乱世，都经历过丧偶之痛，也都是在悄无声息中去世的，张爱玲甚至是在美国的公寓中去世数日后，遗体才被人发现。

可李清照和张爱玲毕竟是不一样的，她们一冷一热，张爱玲是冷眼冷心，李清照则是热心热肠，不同的处世态度决定了她们作品的不同风貌，也塑造了她们截然不同的人生观。李清照早年得到过更为丰沛的爱和温暖，始终眷恋俗世的人间烟火味，纵然是躲在帘子底下，也不忘了听人笑语，她是热爱这个尘世的。

她去世若干年之后，越来越多的人开始认识到这位才女独有的价值。有人说，她是婉约之宗；也有人说，她是北宋末年最伟大的词人，是乐府词坛最有力的健将，成就超过了秦观、黄庭坚、柳永等人。

凭借着留下来的词作，李清照永远活在了人们的心中。

她一直向往着自己能像那展翅高飞的大鹏一样，飞过星河云涛，飞向海外仙山。可惜那个年代，女性的天空是低微的，她想飞，现实却拽住她的脚不放，但凭借着一股不屈的力量，她终于飞了起来，尽管是逆着风，她也完成了自己的飞翔。

主要参考书目

［1］徐培均. 李清照集笺注. 上海：上海古籍出版社，2002年.

［2］康震. 康震评说李清照. 北京：中华书局，2007年.

［3］陈祖美. 李清照新传. 北京：北京出版社，2001年.

［4］杨雨. 多少事欲说还休——杨雨评讲李清照. 北京：清华大学出版社，2013年.

［5］柯宝成. 李清照全集. 武汉：崇文书局，2015年.

［6］艾朗诺. 才女之累：李清照及其接受史. 上海：上海古籍出版社，2017年.

［7］夏承焘. 唐宋词品鉴. 北京：中国青年出版社，2011年.

［8］龙榆生. 词学十讲. 北京：北京出版社，2011年.

［9］蒋勋．蒋勋说宋词．北京：中信出版社，2014年．

［10］刘逸生．宋词小札．北京：中国青年出版社，2016年．

［11］徐培均．李清照．北京：人民文学出版社，2015年．

［12］诸葛忆兵．李清照与赵明诚．北京：中华书局，2004年．

［13］缪钺．缪钺全集．石家庄：河北教育出版社，2004年．

［14］沈祖棻．宋词赏析．北京：北京出版社，2003年．

［15］刘义庆．世说新语．北京：中华书局，2007年．

［16］王国维．人间词话．上海：上海古籍出版社，1998年．

附录：李清照年谱

○一岁（1084年，宋神宗元丰七年）

李清照生于济南。父李格非，字文叔，"苏门后四学士"之一，《宋史·文苑传》有传，有《洛阳名园记》等著作传世。母王氏，宰相王珪长女，善属文。

○二岁（1085年，元丰八年）

生母卒。

○六岁（1089年，宋哲宗元祐四年）

李格非官太学正，赁屋于汴京经衢之西，名其堂曰"有竹"。李清照由乡来东京，随父生活。

○八岁（1091年，元祐六年）

李格非续娶王拱辰孙女，继母与李清照相处融洽，生一子名李迒。

○十五岁（1098年，元符元年）

李清照回到明水原籍暂住，是年春、秋两季有溪亭之游。

○十六岁（1099年，元符二年）

李清照与其母及胞弟李迒由原籍赴汴京，结识晁补之。《如梦令》（尝记）、《双调忆王孙》（湖上）等词当作于是年来汴京之后。

○十七岁（1100年，元符三年）

李格非始除礼部员外郎。李清照得识张耒并作《浯溪中兴颂诗和张文潜》二首。又有《如梦令》（咏海棠）、《浣溪沙》（小院）、《点绛唇》（蹴罢）等词。

○十八岁（1101年，徽宗建中靖国元年）

李清照适赵明诚。赵明诚字德甫，二十一岁，太学生，赵挺之季子。有《金石录》传世。是年，李格非仍任礼部员外郎、赵挺之为吏部侍郎。《渔家傲》（雪里）、《庆清朝慢》、《鹧鸪天》（暗淡）、《减字木兰花》、《瑞鹧鸪》等作品，当作于是年前后。

○十九岁（1102年，崇宁元年）

七月，李格非被列为元祐党籍；九月，徽宗书党人名单，刻石端礼门。"奸党"名单此时共约120人，李格非名在余官第26人。六月，赵挺之除尚书右丞；八月，除尚书左丞。

○二十岁（1103年，崇宁二年）

四月，赵挺之除中书侍郎，赵明诚亦于是年"出仕宦"。李清照结缡不久，即与赵明诚有过短别，作《一剪梅》词。

○二十一岁（1104年，崇宁三年）

六月，核定元祐、元符党人名单，共309人，李格非名仍在余官第26人。李清照上赵挺之诗云："何况人间父子情"，当为营救其父李格非而作，人谓"识者哀之"。

○二十二岁（1105年，崇宁四年）

二月，赵挺之除尚书右仆射兼中书侍郎。六月，赵挺之为避免与蔡京相争，托病求罢右仆射。十月，赵明诚授鸿胪少卿，其长兄赵存诚为卫尉卿、次兄赵恩诚为秘书少监。李清照献诗赵挺之云："炙手可热心可寒"，抒发父亲为党祸株连而得不到救援之感慨。

○二十三岁（1106年，崇宁五年）

正月，大赦天下，并令吏部李格非与监庙差遣。二月，蔡京罢左仆射，赵挺之为特进尚书右仆射兼中书侍郎，毁元祐党人碑，除党人一切之禁，李清照心情好转，作《满庭芳》《多丽》《晓梦》等。

○二十四岁（1107年，大观元年）

正月，蔡京复相。三月，赵挺之罢右仆射，后五日卒，年六十八。卒后三日，家属亲戚在京者被捕入狱，查无事实。七月，出狱。是年或下年伊始，赵明诚母郭氏率其子女、媳妇归居青州。

○二十五岁（1108年，大观二年）

赵明诚、李清照夫妇于青州"归来堂"读书、斗茶。赵明诚撰《金石录》，李清照"笔削其间"，心情舒畅，甘心终老是乡。是年作以"别是一家"著称的《词论》，是词史上继晁补之《评本朝乐章》之后产生重要影响的一篇词论。

○二十八岁（1111年，政和元年）

五月，郭氏奏请赠夫赵挺之司徒。赵明诚亲至泰山，得二碑。

○二十九岁（1112车，政和二年）

仍屏居青州。

○三十一岁（1114年，政和四年）

相传赵明诚为"易安居士三十一岁之照"题赞云："清丽其词，端庄其品。"此画像存在所穿衣物非宋人服饰等若干争议，已考定其为赝品，但题词当为赵明诚心声。

○三十二岁（1115年，政和五年）

仍屏居青州，并于花前月下相从赋赏花诗。

○三十四岁（1117年，政和七年）

仍屏居青州。河间刘跂为《金石录》前三十卷作序，题为《〈金石录〉后序》。此前赵明诚尝作《〈金石录〉序》。

○三十五岁至三十七岁（1118至1120年，重和元年至宣和二年）

这期间，赵明诚亦当起复。在其独自离开青州居官期间，李清照留守青州独居一段时间，为赵明诚送行时作《凤凰台上忆吹箫》。

○三十八岁（1121年，宣和三年）

八月初，李清照赴莱州途中，晚止昌乐驿馆，赋《蝶恋花》（泪湿）。八月十日，李清照在莱州"独坐"—破败清冷之室，作《感怀》诗并序。

○四十岁左右（1123年前后，宣和五年前后）

李清照仍随赵明诚居莱州住所，夫妇于静治堂共同辑集整理《金石录》。

○四十三岁（1126年，钦宗靖康元年）

赵明诚守淄州，在淄川邢氏之村，得白乐天所书《楞严经》，"因上马疾驱归，与细君共赏"。十二月，金军破东京，史称"靖康之变"。

○四十四岁（1127车，靖康二年一月至四月，高宗建炎元年五月至十二月）

三月，赵明诚独自往金陵奔母丧。四月，北宋亡。五月，高宗即位于南京应天府之正厅，改元建炎，史称南宋。四、五月间，李清照由淄州返青州，整理金石文物准备南运。七月，赵明诚起复知江宁府，兼江东经制副使，八月至任。十二月，赵明诚家存书册什物十余屋，焚于青州兵变，李清照赴金陵。

○四十五岁（1128年，建炎二年）

春，李清照携《赵氏神妙帖》等文物赴江宁，途经镇江遇盗掠勿失，为赵明诚和岳珂所称道。是年有"作诗以诋士大夫"之事，所作诗为"南渡衣冠欠王导""南游尚怯吴江冷"

等，以及《分得知字》《乌江》等诗，又作《临江仙》（庭
院）；是年春、冬及翌年春，李清照有雪天顶笠披蓑，循城
远览觅诗之事。

○四十六岁（1129年，建炎三年）

二月，赵明诚罢官。五月，夫妇至池阳，赵明诚再度被起用
为湖州知府，独自往建康朝见高宗，途中感疾。七月末，李
清照得到赵明诚卧病的消息，日行三百里，赶赴建康探视。
八月十八日，赵明诚卒于建康。葬毕，李清照大病，仅存喘
息。事势日迫，遣人将行李送往任兵部侍郎、从卫在洪州的
赵明诚妹婿处。十一月，金人破洪州，李清照寄洪之文物尽
委弃。正月初七作《菩萨蛮》（归鸿）、三月作《蝶恋花·上
巳召亲族》、八月作《祭赵湖州文》、闰八月作《鹧鸪天》
（寒日）、九月作《南歌子》和《忆秦娥》。

○四十七岁（1130年，建炎四年）

是年闻"玉壶颁金"之传言，李清照惶恐，便携带所有古铜
器赴越州、台州等地追赶高宗进献，未遂。又追随高宗所在
而奔走于明州、温州。在海上漂流时，作《渔家傲》（天接）
词。刘豫受金册为"齐帝"，赋《咏史》诗讽之。《诉衷情》
《好事近》等词亦作于此时。

○四十八岁（1131年，绍兴元年）

三月，赴越州，寄居在钟姓人家里，卧榻之下五簏文物被穴壁盗去。

○四十九岁（1132年，绍兴二年）

春天赴杭州，三月作"露花倒影"联。李清照患重病至牛蚁不分，是时张汝舟巧言惑其以骗婚。两人婚后，张汝舟觊觎李清照手中残存之文物，不得，即对她日加殴击。秋，李清照与张离异，并"讼其妄增举数入官"，张遂编管柳州。依宋刑律，告发亲人者应"徒二年"，李清照仅系狱九日，因得赵明诚远亲、建炎时曾与高宗共患难的綦崇礼搭救，李清照以《投年翰綦公崇礼启》谢之。秋冬作《摊破浣溪沙》（病起）等词。

○五十岁（1133年，绍兴三年）

六月，韩肖胄、胡松年使金。李清照缘此事而作《上枢密韩公诗》古、律各一首。

○五十一岁（1134年，绍兴四年）

八月，李清照在杭州作《〈金石录〉后序》。九月，金、齐合兵分道犯杭州等地。十月，李清照逃往金华避难，择居陈氏宅。十一月，作《打马赋》《打马图经》并序等。《钓台》

诗当系是年或下年经桐庐江往返于杭州、金华时，亲睹汉严子陵垂钓处所作。

○五十二岁（1135年，绍兴五年）

春及初夏，仍居金华，并于此地作《武陵春》词和《题八咏楼》诗。五月三日，诏令婺州取字故直龙图阁赵明诚家藏《哲宗皇帝实录》缴进。

○五十三岁至五十九岁（1136至1142年，绍兴六年至十二年）

李清照由金华返临安，自此长居于临安。

○六十四岁（1147年，绍兴十七年）

李清照仍居临安，尝忆京洛旧事。《永遇乐》《添字丑奴儿》作于是年或稍晚。

○六十七岁（1150年，绍兴二十年）

李清照携所藏米芾墨迹，两次拜访其子米友仁，求作跋。

○七十二岁（1155年，绍兴二十五年）

李清照在临安去世，享年七十一岁，按古代算法虚岁七十二岁。